Meine bunte Weihnachtswelt

Zauberhafte Ideen von Bine Brändle

Inhalt

Liebe Leserinnen und Leser 5

Adventszeit, schönste Zeit 6

Kalender auf der Tafel 8
Monster-Christbaumkugeln 10
Wichtel für den Weihnachtsbaum 12
Wickelwichtellichter zum Advent 14
Tannenbaum-Adventskalender 16
Kerzenständer im Advent 18
Adventskranz aus Pralinenförmchen ... 19
Adventskranz mit Fliegenpilzen 20
Fotokalender 22
Goldener Baum 24
Adventskranz mit Lollis 26
Meine Weihnachtskrippe 28
Kalender in der Kiste 30
Adventskranz im Gugelhupf 32
Glitzertörtchen-Adventskalender 34
Weitere Ideen 36

Weihnachtliche Dekoration im ganzen Haus 38

Windlichter für tausend- undeinen Wunsch 40
Christbaumkugeln mit Blattgold 42
Christbaumkugeln als Vasen 43
Stempel selber machen 44
Getöpferte Magnete 45
Teller mit eigenem Design 46
Hereinspaziert! 48
Kerzenständer in Steinoptik 50
Kugeln am Fenster 52
Sternchenregen 53
Umwickelt und aufgehübscht 54
Baumschmuck aus der Klebepistole .. 56
Schneesterne auf Bierdeckeln 58
Schneeballstrauß und Tafelvase 59
Christbaumkugel-Makeover 60
Winter-Windlichter 62
Papierbäumchen-Wald 64
Häuschen aus Getränkekartons 66
Weitere Ideen 68

Geschenke, Geschenke 70

Pilz-Windlichter 72
Eine Stadt aus Bauklötzen 74
Christbaum-Anhänger aus Ton 76
Weihnachtskarten mit Schal 78
Kuschel-Schneemänner aus Socken .. 80
Krippe in der Streichholzschachtel 82
Geschenkglas oder Windlicht 84
Ein Weihnachtsbaum – neun Karten .. 86
Weihnachtsüberraschung in der Kiste . 88
Kegelspiel aus Socken 90
In der Weihnachtsbäckerei 92
Weihnachtsleckereien 98
Weitere Ideen 100

Draußen im Garten 104

Schnee-Figuren 106
Weihnachtsfahrrad 108
Schneekuchen 110
Nussknacker 112
Tannenbäumchen im Blumenkasten .. 114
Geprägte Goldsterne 116
Lichter im Schnee 118
Zuckerstangen 120
Eiswindlichter 121
Papierrosetten im Schnee 122
Weitere Ideen 124

Meine Tipps und Tricks 126

Vorlagen 132

Impressum 144

Meine Söhne Tim und Benni sowie mein Neffe Salih besuchen mich oft in meiner Kreativwerkstatt – und basteln munter mit.

Meine liebste Farbe beim Baumschmuck? Ganz klar: bunt!

Wir wohnen am Ende einer Sackgasse, da darf der Schnee auch schon mal liegen bleiben und Fotokulisse spielen.

Man glaubt es kaum: Die Nussknacker waren früher simple Zaunlatten vom Baumarkt.

Unsere Katzen sind immer mittendrin im Weihnachtsdekotrubel. Sie lieben es einfach!

Ein Buch entsteht: Ich zeichne alle Illustrationen selbst, das Kolorieren mache ich am Computer.

Kleiner Mann, großer Baum – mein Sohn lässt es sich einfach nicht nehmen, den Baum persönlich ins Haus zu befördern.

Liebe Leserinnen und Leser,

die Weihnachtszeit im Hause Brändle ist bunt! Überall leuchtet und glitzert es – und wir alle lieben es! Ab November töpfere ich fleißig neue Baumanhänger und präge Sterne für den Christbaum – nur selber aufhängen darf ich sie nicht. Mein siebenjähriger Sohn Tim hat sich dem Baumschmücken verschrieben. Vom Kauf bis zum festlichen Erleuchten fühlt er sich für seinen grünen Freund verantwortlich. Selbst das Hinaufhieven des Baumes bis in unsere Wohnung erklärte er dieses Jahr zur Chefsache. Ich darf assistieren und Kugeln mit Monsternasen basteln, die Fenster bemalen, selbst gemachte Karten verschicken und die restliche Wohnung sowie den Garten weihnachtlich herausputzen. Die restlichen Familienmitglieder leisten ihren Beitrag, indem sie meine Kreationen bewundern und alle Plätzchen aufessen. Besser könnte die vorweihnachtliche Arbeitsteilung gar nicht laufen, finde ich. Und wie sieht deine Weihnachtszeit aus?

Viele kreative Ideen und fröhliche Weihnachten wünscht

Bine Brändle

Adventszeit ist Bastelzeit – das sage nicht nur ich,
auch meine beiden Jungs würden jetzt zustimmend nicken.
Ab Ende November sitzen wir drei, manchmal gesellen sich
auch meine Nichten, Neffen und Nachbarskinder dazu,
am Küchentisch und schneiden, kleben, sägen, kneten und stempeln,
was das Zeug hält. Und die Kinder wissen ganz genau,
was sie wollen. Sie lassen sich keineswegs davon beeindrucken,
dass eigentlich die Mama die Bastelexpertin im Hause ist
– nein, jeder lässt seiner Vision vom perfekten Adventsschmuck
freien Lauf. Und genau das solltest du auch tun!

Kalender auf der Tafel

Jede Platte und jedes Brett kannst du mit Tafellack in eine Tafel verwandeln, sogar eine Zimmer- oder Schranktür. Dieser Kalender ist eine zeitlich begrenzte Angelegenheit. Nach dem Heiligen Abend übermittelt die Tafel uns Neujahrsgrüße, Erinnerungen an Geburtstage, Einkaufszettel, Liebesbotschaften und Kinderkritzeleien.

1 Klebe die Leiste mit Holzleim an die untere Kante der MDF-Platte. Sie sorgt dafür, dass später Kreidekrümel aufgefangen werden und sie ist eine prima Ablage für die Kreide. Sichere die Leiste zusätzlich mit ein paar Nägeln (siehe Bild unten).

2 Streiche alles zweimal mit Tafellack, zwischen den Anstrichen gut trocknen lassen.

3 Male mit Kreide einen Kranz an die Tafel. Beginne mit einem großen Kreis als Basis, ein Deckel beispielsweise dient als Schablone. Als nächstes malst du Zweiglein, Stechpalmen-Blätter und rote Beeren an den Kreis – der Kranz nimmt Gestalt an!

4 Wickele nun die Geschenke ein. Servietten als Einband machen sich besonders gut, denn sie besitzen bereits ein kleines Format und hübsche kleinteilige Muster. Anschließend mit Geschenkband umwickeln und dabei Schlaufen zum Aufhängen lassen.

5 Bestempele Klebepunkte mit Zahlen von 1 bis 24 und klebe je einen auf ein Päckchen. Die Geschenke an den Schlaufen mit Gewebeband an die Tafel kleben.

Das brauchst du

Für die Tafel
- MDF-Platte, nach deinen Wunschmaßen im Baumarkt zugesägt, z. B. 80 cm × 80 cm
- Leiste in der Breite der MDF-Platte
- Tafelfarbe in Schwarz
- kleine Nägel
- Holzleim
- Pinsel oder kleine Lackrolle
- Kreide in Weiß und Rot
- Mülleimerdeckel oder andere Kreisvorlage

Für die Geschenke
- Servietten, Seiden- und Glanzpapier
- Masking Tape
- Geschenkband
- weiße Klebepunkte (aus dem Schreibwarengeschäft)
- Stempel mit Zahlen
- Stempelkissen
- Gewebeklebeband in Neonpink
- Schere

Mein Tipp

MDF-Platten sind je nach Format recht schwer. Am besten, du stellst die Tafel auf den Boden oder einen Schrank und lehnst sie an eine Wand. Wer sie partout aufhängen möchte, der verwendet als Brett besser eine Sperrholzplatte und eine stabile Aufhängung aus dem Baumarkt.

Monster-Christbaumkugeln

Monster stehen in unserer Familie hoch im Kurs, sie begegnen uns in Dekorationen rund ums Jahr. Warum nicht auch zur Weihnachtszeit? Dass ich mit dieser Deko goldrichtig lag, wusste ich, als mein Sohn Tim – der schon unzählige meiner Bastelideen gewöhnt ist – angesichts der Monsterparade laut loslachen musste. Volltreffer!

Das brauchst du

- alte Christbaumkugeln aus Plastik
- ofenhärtende oder lufttrocknende Modelliermasse
- Acrylfarbe in Wunschfarben
- Lackstift in Weiß
- schwarzer Lackstift und Fineliner
- Buntstifte
- Alleskleber
- Pappteller
- Pinsel
- Schere

1 Grundiere die Christbaumkugeln mit Acrylfarbe locker aus dem Handgelenk, das muss keinesfalls akkurat sein. Du kannst die Kugeln auch mehrfarbig anstreichen, genauso gut darf die Originalfarbe noch an einigen Stellen durchblitzen – das finde ich gerade gut und wirkt lebendig.

2 Aus der Modelliermasse nun die Details formen: Nasen, Münder, Augen, Hörnchen etc. Ohren aus den geriffelten Rändern von Papptellern schneiden.

3 Die Teile aus ofenhärtender Modelliermasse nach Herstellerangaben brennen bzw. die lufttrocknende Modelliermasse über Nacht trocknen lassen.

4 Alle Details mit Alleskleber auf die Kugeln kleben. Je frecher das Monstergesicht, desto besser!

5 Male nun noch mit Buntstiften Augenränder oder weitere Gesichtszüge auf. Mit Lackstiften kannst du Zähne und Pupillen andeuten und mit dem Fineliner Konturen betonen. Bäckchen und bunte Streifen entstehen mit Acrylfarbe.

Mein Tipp

Sei erfinderisch bei der Ausgestaltung der Monster! Du kannst Augen, Nasen, Hörner und Ohren mit allen möglichen anderen Materialien gestalten, je nachdem, was du so im Haus hast: Perlen, Styroporkugeln, zurecht geschnittene Spülschwämmchen, Pfeifenputzer und und und.

Wichtel für den Weihnachtsbaum

Um den Weihnachtsbaum mit Wichteln zu bevölkern, braucht es schon ein paar Stunden Bastelzeit. Aber wenn alle in der Familie zusammen werkeln, sind im Nu dutzende Pappzwerge fertig – da bekommt die Aussage „Wir wichteln zu Weihnachten" gleich eine ganz andere Bedeutung. Auch für einen Kindergeburtstag im Dezember ein großer Spaß!

1 Kopiere meine Vorlage von Seite 133 auf Papier, klebe die Wichtel auf Fotokarton und schneide sie aus. So erhalten die Wichtel eine hübsche farbige Rückseite.

2 Male die Wichtel aus. Ich nehme sehr gern mit Wasser verdünnte Acrylfarbe, Feinheiten male ich mit Buntstiften.

3 Nun kommt der schönste Teil, das Verzieren: Betupfe die Zwerge beispielsweise punktuell mit einem Klebestift, streue sofort Glitzerpulver darüber und schüttele das überschüssige Pulver wieder ab. Du kannst mit Flüssigkleber auch einen dünnen Strang „zeichnen" und diesen mit Glitzer bestreuen. Masking Tapes, Streuteile und Pailletten kannst du ebenfalls aufkleben. Als besondere Gürtelschnalle habe ich einen Alu-Aufhänger, der normalerweise das Loch einer Christbaumkugel umschließt, platt gebogen und aufgeklebt – jetzt sieht die Schnalle wie eine Schneeflocke aus.

4 Zum Schluss mit der Lochzange ein Loch durch die Bommel an der Mütze stanzen. Schnur hindurchfädeln, verknoten und an den Baum hängen.

Das brauchst du

- bunter Fotokarton
- verschiedene Farben und Stifte, z. B. Acrylfarbe, Buntstifte, Lackstifte in Weiß, Gold und Silber etc.
- verschiedene Materialien zum Verzieren, z. B. Pailletten, Streuteile, Glitzerpulver, Wollreste, Masking Tape
- Klebestift
- Alleskleber
- Schnur zum Aufhängen
- Schere
- Lochzange

Vorlagen
Seite 133

Mein Tipp
Aus den Wichteln kannst du auch eine Girlande für den Baum machen: Statt des Lochs in der Bommelmütze erhalten die Wichtel ein Loch in jede Hand. Eine Musterbeutelklammer verbindet zwei Wichtelhände miteinander. Auf diese Weise die Figuren zu einer Girlande zusammensetzen (siehe Seite 37).

Wickelwichtellichter zum Advent

 Einen Adventskranz mit vier Kerzen kennt jeder – Adventsflaschen sind neu! Ich wollte etwas haben, das bunt und lustig ist und ich jedes Jahr ohne weitere Vorbereitungen wieder verwenden kann: Das war die Geburtsstunde der Kerzen tragenden Weihnachtswichtel!

Das brauchst du

- 4 kleine Glasflaschen
- Spray zum Grundieren oder matte deckende Farbe für Glas und Pinsel
- Buntstifte
- Collagenkleber und Pinsel oder Klebestift
- doppelseitiges Klebeband
- Wolle
- Streuteile „Sterne" und „Bogenkreise"
- Klebepunkte (aus dem Schreibwarengeschäft)
- Stempel mit Zahlen und Stempelkissen oder Stift
- Alleskleber
- Schere
- 4 Kerzen, die in die Flaschenöffnungen passen

Vorlagen

Seite 133

1 Zuerst die Flaschen mit dem Spray oder der matten Farbe grundieren. Trocknen lassen.

2 Kopiere die Wichtel-Vorlage von Seite 133 oder male eigene Figuren auf Papier. Male nun die Figuren mit Buntstiften aus.

3 Schneide die Wichtel aus und klebe jeweils einen mit Collagenkleber und Pinsel sorgfältig auf eine Flasche. Ein Klebestift geht auch, dann musst du den Kleber aber wirklich großflächig und satt bis zum Rand der Zeichnung auftragen.

4 Klebe Streifen von doppelseitigem Klebeband auf jeden Flaschenhals und umwickele ihn anschließend mit Wolle.

5 Bestempele vier Klebepunkte mit den Zahlen 1 bis 4 und klebe sie auf die „Wollmützchen" der Wichtel. Bei haariger Wolle musst du eventuell mit etwas Alleskleber nachhelfen. Auf Wunsch kannst du die Zahlenpunkte mit Streuteilen kombinieren – auch hier funktioniert Alleskleber gut.

6 Nun kommt nur noch eine Kerze in jede Flasche – fertig!

Tannenbaum-Adventskalender

Für jeden einen! Meine Söhne haben je einen Tannenbaum-Adventskalender bekommen und durften sich eine Farbe aussuchen: Blau für Benni und Violett für Tim. Mal sehen, vielleicht bastele ich mir im kommenden Jahr einen für mich selbst. Der wird dann orange oder türkis oder … Ich muss nur noch jemanden finden, der mir die Süßigkeiten dranhängt.

Das brauchst du

Für den Kalender

- Sperrholz, 1 cm stark (ca. 60 cm × 120 cm)
- 3 Holzklötzchen (z. B. aus der Spielkiste oder aus der Restekiste im Baumarkt), ca. 2 cm stark
- Acrylfarbe, z. B. in Violett und Orange oder Blau und Türkis
- 24 Schraubhaken
- 1 Schraubhaken zur Wandbefestigung
- Zier- oder Reißnägel
- Schleifpapier
- Holzleim
- Pinsel
- kleine Christbaumkugeln oder andere Weihnachtsdeko
- Lichterkette
- Stück Band oder feste Schnur und einen Nagel zum Befestigen
- Stichsäge
- Hammer

Für die Geschenktüten

- 24 Blanko-Papiertüten in Weiß oder Hellbraun, ca. 8 cm × 12 cm
- buntes und gemustertes Papier
- Utensilien zum Verzieren, z. B. Pralinenförmchen aus Papier
- Masking Tape
- Stempelset „Zahlen" und Stempelkissen
- Motivstanzer „Kreis" und „Stern"
- Schere
- Klebestift
- Seidenpapier und Geschenkband zum Einwickeln

Vorlage

Seite 141

1 Übertrage die Tannenbaum-Vorlage von Seite 141 aufs Sperrholz und säge die Form mit der Stichsäge aus. Kanten mit Schleifpapier glätten.

2 Bemale den Baum mit Acrylfarbe. Du kannst ihn z. B. einfarbig grundieren und in einem zweiten Schritt eine andere Farbe locker darüberwischen – das ergibt schöne Effekte. Drehe 24 Schraubhaken ein.

3 Als Abstandshalter zur Wand unten am Stamm ein Klötzchen und jeweils ein weiteres Klötzchen an jeder Seite anleimen. Oben an der Baumspitze drehst du auf der Rückseite einen Schraubhaken als Kippschutz ein.

Befestige den Haken mit Schnur oder Band an einem Nagel an der Wand.

4 Lege eine Lichterkette um die Baumkontur und fixiere diese immer mal wieder mit einem Zier- oder Reißnagel. (Nicht durchs Kabel piksen!) Schlage weitere Ziernägel ein und hänge nach Lust und Laune Christbaumkugeln und andere Deko auf.

5 Lehne den Baum aufrecht an die Wand und schlage in Höhe der Tannenspitze einen Nagel in die Wand. An diesem wird der Baum mit einem Stück Band befestigt und auf diese Weise am Kippen gehindert. Hänge den Kalender besser nicht richtig auf, denn er ist an sich schon schwer und wird mit den Geschenken noch schwerer.

6 Verziere die Blanko-Tüten mit Masking-Tape-Streifen, ausgestanzten und bestempelten Kreisen und Sternen, platt gedrückten Pralinenförmchen oder Papier-Tassenuntersetzern. Alles mit Klebestift übereinander- und auf die Tüten kleben.

7 Geschenke erst in Papier wickeln, damit die Kinder (und Erwachsenen) nicht spicken können, dann erst in die Tüten stecken und am Kalender aufhängen.

Kerzenständer im Advent

 Schwarz ist eigentlich nicht meine Farbe. Bunt, bunt und nochmals bunt geht es sonst bei mir zu. Aber diese Kerzenständer haben es mir angetan. Sie setzen einen so starken Kontrast, dass mein Türkis, Pink und Blau drumherum gleich doppelt so stark leuchten.

Das brauchst du

- Glasfläschchen in unterschiedlichen Formen
- Tafelfarbe für Glas in Schwarz
- weicher Borstenpinsel oder Spülschwämmchen
- Kreidemarker

1 Die Flaschen gut reinigen, damit sie fettfrei sind, und mit Tafelfarbe für Glas streichen. Das geht am besten, wenn du einen behandschuhten Finger in den Flaschenhals steckst, so lässt sich die Flasche bequem halten und auch drehen. Zweimal streichen, dazwischen trocknen lassen. Statt mit dem Pinsel kannst du die Farbe auch mit einem kleinen Spülschwämmchen auftupfen.

2 Die Farbe nach Herstellerangaben im Backofen fixieren. Danach sind die Flaschen sogar spülmaschinenfest.

3 Mit einem Kreidemarker lassen sich frei Hand immer wieder unterschiedliche Muster aufbringen: Alte Kreideverzierung feucht abwischen und neuen Schmuck aufzeichnen. Stelle Kerzen oder Blümchen hinein.

Adventskranz aus Pralinenförmchen

Ich finde diese kleinen Muffin- und Pralinenförmchen so hübsch (und beim Backen praktisch) – da habe ich mich gefragt, ob man nicht noch etwas anderes daraus machen kann. Dies ist ein Kranz für all diejenigen, die mal keine Lust auf Tannengrün und Fichtenduft haben.

Das brauchst du

- 4 Kerzen
- 4 Adventskranz-Kerzenhalter
- Pralinenförmchen aus Papier
- Kranz aus Schaumstoff, ø ca. 20 cm
- bunte Kleinigkeiten, z. B. Streusterne, Glöckchen, Perlen, Mini-Christbaumkugeln, Nüsse, Glitzer-Baiserkrönchen (siehe Seite 35) o. Ä.
- hübsches Band
- Stecknadeln
- Heißklebepistole

1 Stecke die Kerzenteller in den Schaumstoffkranz.

2 Nimm immer ein Papierförmchen und fülle es mit einem Dekogegenstand. Ist es eine leichte Füllung, z. B. eine Perle, ein Streuteil oder eine Paillette, kannst du diese zusammen mit dem Papierförmchen mit einer einzigen Stecknadel an den Kranz pinnen. Ist es etwas Schwereres, wie eine Baumkugel oder ein verziertes Baiserkrönchen, pinnst du zunächst das Papierförmchen an den Kranz und klebst dann die Deko mit Heißkleber in das Förmchen. Auf diese Weise den Schaumstoffkranz dicht an dicht mit geschmückten Pralinenförmchen verzieren.

Mein Tipp

Warum so bescheiden? Auf die gleiche Art und Weise kannst du auch einen Riesenkranz mit Muffinförmchen aus Papier gestalten. Hier kannst du dann Tannenzapfen und Christbaumkugeln als Dekoelemente verwenden.

Adventskranz mit Fliegenpilzen

Beim Basteln dieses Adventskranzes kam mir eine weitere Idee, du kannst ihn in einen Adventskalender ohne Naschereien verwandeln. Modelliere einfach 24 Pilze und lege sie in eine hübsche Schale neben den Kranz. Jeden Tag kannst du nun einen Pilz ins Grün stecken, bis alle Pilze sprießen und Heiligabend vor der Tür steht.

Das brauchst du

Für die Pilze
- lufttrocknende Modelliermasse
- möglichst gerade Äste, ø 0,5–1 cm
- Acrylfarbe in Rottönen, Weiß und Dunkelbraun
- Schaschlikspieß
- Pinsel
- Lappen
- Küchenmesser
- Gartenschere
- Heißklebepistole

Für den Kranz
- flache Schale, Kuchenform o. Ä.
- Steckschaum
- 4 Kerzen
- 4 Adventskranz-Kerzenhalter
- Moos und Zapfen zur Deko

1 Zuerst sind die Pilze an der Reihe: Forme aus der Modelliermasse Kugeln, die du dann etwas plattdrückst und mit dem Daumen leicht ausbeulst. Mit etwas Übung entstehen bald schöne Hutformen. Mit dem Schaschlikspieß – der Stiel eines Pinsels geht auch – drückst du Kerben in die Hutunterseite; das werden die Lamellen des Pilzes. Drücke anschließend mit einer Stiftkappe oder einem dicken Pinselstiel eine Vertiefung mittig in die Unterseite des Hutes. Hier wird später der Pilzstiel befestigt. Hüte an einem warmen Ort über Nacht trocknen lassen.

2 Am nächsten Tag bepinselst du die Unterseite der Pilzhüte mit verdünnter dunkelbrauner Acrylfarbe. Wische gleich mit einem feuchten Lappen darüber, sodass nur in den Vertiefungen der Lamellen Farbe zurückbleibt. Anschließend die Oberseiten in verschiedenen Rottönen bemalen.

3 Wenn das Rot getrocknet ist, stupfst du noch weiße Punkte auf: Entweder mit einem dünnen Pinsel oder mit dem Pinselstiel – so werden die Tupfen besonders gleichmäßig. Wieder trocknen lassen.

4 Die Äste mit der Gartenschere in 10–15 cm lange Stücke schneiden und jeweils mit Heißkleber als Pilzstiel an einen Hut kleben.

5 Nun füllst du die Kuchenform mit Steckschaum. Das klappt gut, wenn du den Schaum mit dem Küchenmesser in Stücke schneidest und du dir auf diese Weise die Rundungen der Kuchenform zusammenstückelst.

6 Stecke die Kerzenteller mittig in den Steckschaum und bedecke die Zwischenräume gut mit Moos.

7 Zum Schluss die Kerzen anbringen, die Pilze in den Steckschaum stecken und alles mit Zapfen dekorieren.

Mein Tipp

Statt Porträtfotos kannst du natürlich auch gute Wünsche oder Sprüche hinter den Türen platzieren.

Dieser Adventskalender lockt nicht mit Schokolade, sondern schenkt jeden Morgen ein Lächeln eines lieben Menschen. Jeden Tag der Adventszeit erscheint ein Verwandter oder Familienfreund hinter einem Türchen – bis dann am Heiligabend alle in lebensecht zusammen sind.

Das brauchst du

- 1 Bogen Fotokarton in Gold
- 1 Bogen einfacher fester Karton
- 24 Porträtfotos oder Kopien in passender Größe
- Acrylfarbe
- 3D-Effektfarbe
- Metallicstift
- Rest Borte
- künstliche Buchs-Girlande
- hübsche Schnur oder schmales Band
- permanenter Sprühkleber oder Klebestift
- Klebestreifen
- Alleskleber
- Bleistift
- Pinsel
- Lineal
- evtl. Falzbein
- Cutter
- Schere
- Schneideunterlage

Vorlage

Seite 135

1 Vergrößere zuerst die Vorlage von Seite 135 auf die gewünschte Größe. Mein Kalender ist etwa 60 cm hoch, so sieht man die Fotos hinter den Türchen später gut. Du kannst das Haus ruhig auf mehrere A4-Seiten verteilt kopieren und dann mit Klebestift zusammenkleben.

2 Klebe das Haus auf den Fotokarton und schneide es mit dem Cutter aus. Bei geraden Schnitten kannst du ein Lineal zu Hilfe nehmen.

3 Übertrage die Umrisse des Hauses mit Bleistift auf festen Karton und schneide diesen ebenfalls aus. Dies wird die Rückwand des Fotokalenders.

4 Nun den Kalender nach Lust und Laune bemalen und verzieren, das heißt mit Acrylfarbe bepinseln und mit der 3D-Effektfarbe stuckähnliche Schnörkel über die Fenster ziehen.

5 Schneide anschließend die auf der Vorlage fett eingezeichneten Linien vorsichtig mit dem Cutter ein. Wenn du die geschlossenen Seiten der Fenster, also die späteren Knickkanten, mit einem Falzbein oder Lineal kurz nachfährst, lassen sich die Kalenderfenster später sauber und ohne Einreißen öffnen.

6 Mit einem Metallicstift die Zahlen 1 bis 24 in die Kreise über den Fenstern schreiben.

7 Fotos von Verwandten, Freunden und Haustieren mit einem Klebestreifen hinter die Fenster auf den Tonkarton kleben. Die beiden Häuser aus Tonkarton und einfachem Karton mit ein paar Klebestifttupfen aneinander fixieren.

8 Abschließend den Kalender auf Wunsch zuerst mit einer waagerecht aufgeklebten Borte verzieren, darüber eine Buchs-Girlande und Schnurschleifchen kleben.

Goldener Baum

Was für ein Schmuckstück! Diesen Baum kannst du in klein als Tischdeko, in mittlerer Größe für eine Kommode oder in riesengroß basteln. Der Große macht aber nicht nur als individueller Christbaum eine gute Figur, bei uns hat er quasi einen Zweitjob in der Nebensaison: als Garderobenständer.

Das brauchst du

Für den Fuß
- 2 alte Plastikeimer
- Zementpulver
- Sand
- Wasser
- Salatöl
- großer Pinsel
- evtl. Gewebeklebeband
- alter Kochlöffel oder Bohrmaschine mit Rühraufsatz

Für den Baum
- abgesägter kleiner Baum mit vielen Verzweigungen oder großer verzweigter Ast (beim Grünschnittplatz nachfragen)
- Acrylfarbe oder Spray in Gold
- Dekometall-Blattgold
- Anlegemilch für Dekometall-Blattgold
- mehrere Pinsel

1 Vermische für den Beton-Fuß einen Teil Zementpulver, zwei Teile Sand und etwas Wasser in einem alten Eimer, sodass eine dickflüssige Konsistenz entsteht – beachte dabei die Empfehlungen auf der Zementpackung. Das Verrühren klappt mit einem alten Kochlöffel von Hand oder mit einem Rühraufsatz für die Bohrmaschine.

2 Pinsele einen Eimer, den du als Gießform verwenden willst, innen mit Salatöl ein. So lässt sich der Beton später gut aus der Form lösen. Den Beton hineingießen und den Eimer einige Male auf den Boden aufstoßen, damit eingeschlossene Luftblasen entweichen.

3 Gewebeklebeband bereitlegen. Den Eimer so in einer Ecke platzieren, dass der Baum provisorisch geradestehen kann, bis der Beton ausgehärtet ist. Den Baum mittig in den Beton stecken und gegebenenfalls am Stamm zusätzlich mit dem Klebeband sichern. Dann heißt es warten: Bei normalem Zementpulver dauert es etwa zwei Tage, bis der Beton hart genug ist, um ihn vorsichtig aus dem Eimer herauszuheben. (Erst nach etwa zwei Wochen ist er komplett ausgehärtet.) Bei sogenanntem „Blitzzement" geht es etwas schneller.

4 Bepinsele den Baum mit der goldenen Farbe oder benutze Gold-Spray. Die Farbe gut trocknen lassen.

5 Zum Schluss einige Partien mit Blattgold verzieren, wie auf Seite 40 beschrieben. Danach kann der Baum dekoriert werden, z. B. mit meinen aufgepeppten Christbaumkugeln von Seite 61.

① Plastikeimer einölen ② Beton einfüllen ③ Baum fixieren ④ Sockel herauslösen ⑤ Baum streichen

Mein Tipp

Je größer der Durchmesser des Eimers ist, desto stabiler steht der Baum. Wenn du ihn als Garderobe nutzen willst, gießt du besser einen breiten, schweren Fuß mit mindestens 35 cm Durchmesser und 10 cm Höhe.

Adventskranz mit Lollis

Erst grün, dann bunt und später nach und nach wieder grün – was ist das?
Ganz klar, mein Lolli-Adventskranz! In den erst grünen Kranz stecke ich 24 bunt eingepackte Lutscher, von denen ab dem 1. Dezember jeden Tag einer verschwindet. Damit der Kranz nicht bald langweilig leer aussieht, kommt zusätzlich bunte Deko zum Einsatz.

1 Verziere, wenn du willst, zuerst den Teller, auf den du später den Kranz legst. Hierzu schneidest du aus farbigem Gewebeklebeband Streifen oder kleine wimpelkettenähnliche Bordüren zurecht. Klebe sie an den Tellerrand. Die Alu-Halter der Teelichter kannst du gleich mit umkleben und eine Schnur herumbinden.

2 Stelle nun den Adventskranz als Basis her: Schneide kleine Tannenzweige zurecht und lege sie nach und nach – zusammen mit dem Moos – leicht überlappend um den Strohkranz. Mit Blumendraht umwickeln, bis der komplette Strohrohling bedeckt ist. Teelichter mit Alleskleber auf den Kranz kleben.

3 Verpacke 24 Lutscher mit hübschem Papier oder Servietten und Schnur. Das gelingt am besten, wenn du das Papier rund zuschneidest und die Süßigkeiten darin einschlägst.

4 Stecke 24 Zahnstocher in den Kranz. Auf die Zahnstocher steckst du nun die verpackten Lollis. Verziere den Kranz zusätzlich mit Streuteilen oder Papiersternen.

Das brauchst du

Für den Kranz
- Porzellanteller
- neonfarbenes Gewebeklebeband
- Cutter und Schere
- Kranzrohling aus Stroh
- Tannengrün, Moos und anderes Pflanzenmaterial
- Blumendraht
- 4 große Teelichter, ø 6 cm
- Schnur
- Alleskleber
- Streu- oder Papiersterne und andere weihnachtliche Deko

Für die Lollis
- 24 Lutscher
- klein gemustertes Papier oder Servietten
- Schere
- Zahnstocher

Meine Weihnachtskrippe

Ich finde, handelsübliche Krippenfiguren, aus Holz geschnitzt und dunkel gebeizt, schauen oft grimmig drein – fast gruselig. Obendrein sind sie sehr teuer. Deshalb wollte ich mir unbedingt freundliche Gestalten samt Krippe selber machen. Und so ist eine richtige Miniaturwelt entstanden.

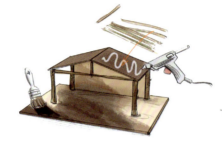

Das brauchst du

Für den Stall

- 4 Sperrholz-Zuschnitte, 1 cm stark (im Baumarkt passend zusägen lassen):
  - Grundplatte: 40 cm × 60 cm
  - Rückwand: 38 cm × 23 cm
  - 2× Dach: je 22,5 cm × 24 cm
- 4 Rundhölzer oder gerade Äste, ø ca. 2 cm, 17 cm lang
- kleine Äste, Zweige, Bambusabschnitte, Baumrinde, Tannengrün, Stroh, Heu, Gräser, Sand, Kies o. Ä. zur Deko
- kleine batteriebetriebene Lichterkette
- dunkle Holzbeize
- kleine Nägel
- Pinsel
- Bleistift
- Zollstock oder langes Lineal
- Gewebeklebeband
- Holzleim
- Heißklebepistole
- Gartenschere
- Hammer
- Säge

Für die Figuren

- hochwertiges Tonpapier oder Büttenpapier mit Struktur in Beige oder Hellbraun
- fester Pappkarton
- Acrylfarbe
- Buntstifte
- Klarlackspray
- Holzklötzchen (z. B. vom Kinderspielzeug)
- Klebestift
- Pinsel
- Schere
- Heißklebepistole

Vorlagen

Seite 136/137

1 Bereite zuerst die Rückwand der Krippe vor und säge laut der Skizze die beiden Dachschrägen.

2 Zeichne mit Bleistift die Position der Krippenrückwand und der Pfosten auf die Grundplatte. Fixiere die Rückwand und Pfosten mit Holzleim und Nägeln darauf.

3 Klebe die beiden Platten für das Dach mit einem Streifen Gewebeklebeband auf der Unterseite aneinander und klebe es mit Holzleim auf die Rückwand und die Pfosten.

4 Die Krippe mit Holzbeize streichen. Alles gut trocknen lassen.

5 Mit einer Gartenschere dünne Äste passend für die Giebelbalken, die Dachabdeckung und die Verkleidung der Rückwand zurechtschneiden. Alle Aststücke mit der Klebepistole aufkleben.

6 Die Lichterkette mit Gewebeklebeband unter dem Dach anbringen. Der Boden der Krippe wird mit Sand belegt. Damit alles an Ort und Stelle bleibt, Holzleim großzügig auf der Bodenplatte verstreichen und den Sand aufstreuen, überschüssigen Sand herunterschütteln. Auf diese Schicht kannst du dann Stroh oder Heu verteilen.

7 Du kannst alles, was dir gefällt, zur weiteren Ausgestaltung verwenden. Besonders schön sehen Fundstücke aus der Natur aus. Beispielsweise habe ich eine Mini-Palme aus einem Bambusstöckchen als Stamm gemacht, in den ich oben Tannenzweige gesteckt habe. Die Palme habe ich ebenfalls mit Heißkleber auf die Grundplatte geklebt.

8 Nun geht es an das Basteln der Figuren: Kopiere dir die Vorlagen direkt auf Tonpapier und schneide sie aus. Die Figuren mit Acrylfarbe kolorieren. Ist das Papier beige, brauchen Gesichter und Hände nicht ausgemalt werden. Wenn die Farbe getrocknet ist, können Details, wie Muster in den Gewändern, rote Bäckchen usw. mit Buntstift aufgemalt werden. Die fertigen Figuren zum Schutz mit Klarlack ansprühen.

9 Damit die Figuren stehen können, ein Holzklötzchen als „Fuß" mit Heißkleber an die Rückseite kleben.

Kalender in der Kiste

Wie ein Stillleben im Karton erscheint dieser Adventskalender… Obwohl, so still und unveränderlich ist er gar nicht, verschwindet doch jeden Tag gleich frühmorgens eines der Päckchen. Wenn dir das Bäumchen dann bald zu kahl erscheint, kannst du es mit Mini-Baumkugeln schmücken.

1 Zuerst die Obstkiste mit der Acrylfarbe grundieren und trocknen lassen.

2 Fixiere jetzt die Lichterkette mit Reißnägeln vorsichtig in der Kiste, das Kabel darf natürlich nicht angepikst werden. Das Batteriekästchen mit Heißkleber dort ankleben, wo es später von Moos und Deko verdeckt wird. Aber achte bitte darauf, dass du den Schalter noch gut betätigen kannst.

3 Schneide den verzweigten Ast in der Höhe passend und in Bäumchenform zurecht. Er sollte stramm in der Kiste sitzen, damit er nicht so leicht herausfallen kann. Zusätzlich mit Heißkleber am Boden sichern.

4 Klebe nun Moos, Zapfen und was dir sonst noch einfällt an den Fuß des Bäumchens. Für einen schönen Frost-Effekt besprühst oder bepinselst du die Naturmaterialien zuvor mit weißer Acrylfarbe.

5 Zum Schluss die Geschenke einwickeln – schön sieht es aus, wenn du unterschiedliches Papier kombinierst. Mit dem Silberstift die Zahlen 1 bis 24 auf die Klebepunkte schreiben und diese jeweils auf ein Päckchen kleben. Geschenke mit Band umwickeln und ins Geäst hängen.

Das brauchst du

Für die Kiste

- Obstkiste aus Holz, z. B. Mandarinenkiste
- dicht verzweigter Ast
- Moos, kleine Tannenzweige, Zapfen, Plastik-Eichhörnchen etc. als Verzierung
- batteriebetriebene Mini-Lichterkette
- Acrylfarbe oder Acrylfarbspray in Weiß
- 2 Reißnägel
- evtl. breiter Pinsel
- Gartenschere oder robuste Haushaltsschere
- Heißklebepistole

Für die Geschenke

- 24 leckere Bonbons oder andere kleine, leichte Süßigkeiten
- verschiedene Papiere, z. B. Krepp-, Gold-, Seiden- und Origamipapier
- Masking Tape
- kleine Klebepunkte (aus dem Schreibwarengeschäft)
- Silberstift
- Geschenkband
- Schere

Mein Tipp

Wenn es dir möglich ist, verwende für das Bäumchen Äste aus Hecken! Durch den jahrelangen Heckenschnitt haben sich diese oft stark verzweigt und sehen bereits wie Mini-Bäumchen aus.

Adventskranz im Gugelhupf

Vier Kerzen, glitzernde Zapfen und eine nostalgisch anmutende Kuchenform – fertig ist der etwas andere Adventskranz. Ohne klassisches Tannengrün, dafür mit sehr viel Glitzer. Damit meine Kreation harmonisch bleibt, bin ich innerhalb einer Farbfamilie geblieben. Du hast es vielleicht schon bemerkt: Ich liebe Türkis!

Das brauchst du

Für die Form
- alte Gugelhupfform
- Farbe für Glas in mattem Türkis (z. B. Chalky Finish)
- Schleifpapier
- Schleifklotz
- Pinsel
- hübsches Webband
- Steckschaum
- Küchenmesser
- 4 Kerzen
- 4 Adventskranz-Kerzenhalter

Für die Zapfen
- trockene Zapfen
- Acrylfarbe in Türkis- und Blautönen
- Glitzerpulver in Türkis-, Blau- und Rosétönen
- Pinsel
- Pappteller
- Einweghandschuhe

1 Zuerst die Gugelhupfform mit Glasfarbe zweimal streichen. Nach jedem Anstrich trocknen lassen. Danach hervorstehende Kanten mit Schleifpapier und Schleifklotz leicht anschleifen. So entsteht der schöne Shabby-Chic-Look.

2 Nun bekommen die Zapfen Farbe: Bepinsle die Ränder der Zapfenschuppen dick mit Acrylfarbe und streue Glitzerpulver in die nasse Farbe. Trage dabei am besten Einweghandschuhe. Überschüssiges Glitzerpulver auf Pappteller schütteln, dann kannst du es weiterverwenden. Alle Zapfen trocknen lassen.

3 Mit dem Küchenmesser vier Würfel, die zusammen in die Gugelhupfform passen, aus dem Steckschaum schneiden. Sie dürfen nur so hoch sein, dass sie von außen nicht zu sehen sind. Die Kerzenhalterungen samt Kerzen in den Steckschaum stecken.

4 Nun auf dem Steckschaum und in den Zwischenräumen die Glitzerzapfen verteilen und das Webband um die Gugelhupfform binden.

Mein Tipp

Die Glitzerzapfen sind so schön geworden, dass ich aus ihnen gleich eine Girlande für meinen Kronleuchter gebastelt habe (siehe Seite 37). Und auch als Sonderangebot im selbst gebauten Kaufladen (Seite 92) dürfen die Zauberzapfen nicht fehlen.

Glitzertörtchen-Adventskalender

Zuckerbäckerträume werden wahr! Glitzer, Glimmer, Glitter und Zuckerperlen... Man könnte meine Werkstatt beim Basteln der kleinen Törtchen fast mit einer Konditorei verwechseln, wenn die Schächtelchen nur essbar wären. Aber Achtung! Das sind sie leider nicht.

1 Mische zuerst die Acrylfarbe zu etwa gleichen Teilen mit dem Farbenbinder, damit die Farbe pastelliger wird. Boxen dick mit Farbe bestreichen und in die noch nasse Farbe Glitzerpulver streuen oder ein Baiser Krönchen setzen. Trocknen lassen.

2 Wer seine Box mit einem farbigen Baiser krönen möchte, bestreicht es erst mit wenig Farbe und lässt es trocknen. Gegebenenfalls kannst du später noch einmal eine Farbschicht auftragen. Wenn du das Baiser gleich satt mit Farbe bepinselst, würde es sich quasi auflösen, denn die Feuchtigkeit in der Farbe macht die Zucker-Eiweiß-Masse weich. Mit einem ersten dünnen Farbüberzug wird die Baiser Oberfläche versiegelt. Du kannst natürlich auch beim Baiser die noch feuchte Farbe mit Glitzerpulver zum Funkeln bringen.

3 Das Verzieren geht weiter: Zuckerkugeln und andere schwerere Dekomaterialien klebst du mit Collagenkleber auf die Boxen, sobald der Farbanstrich getrocknet ist. Mit einem Snow-Pen oder 3D-Effektfarbe noch dreidimensionale Verzierungen anbringen, gerade in Weiß wirken diese wie echter Zuckerguss – himmlisch!

4 Um aus den Boxen einen Adventskalender zu machen, klebst du noch mit Metallicstift nummerierte Klebepunkte auf die Boxen. Streusterne und Pailletten unter den Klebepunkten, mit Alleskleber auf die Päckchen geklebt, setzen zusätzlich Highlights.

Das brauchst du

- 24 kleine Pappmaché-Boxen
- (abgelaufene) Zuckerstreusel und Baiser Krönchen
- große Streusterne, Pailletten o. Ä.
- Glitzerpulver
- Acrylfarbe in Weiß und Pastelltönen
- Farbenbinder, zum Verdicken der Acrylfarbe
- Snow-Pen oder andere 3D-Effektfarbe in Weiß und anderen Farben
- Metallicstift
- Klebepunkte (aus dem Schreibwarengeschäft)
- Pinsel
- Collagenkleber
- Alleskleber

Weitere Ideen

Süßer Weihnachtskranz

Du kannst den Kranz von Seite 19 auch aufhängen – dann selbstverständlich ohne Kerzen. Wickele vor dem Pinnen der gefüllten Förmchen ein Band um den Kranz, an dem du ihn dann später auch aufhängst. Dann wie beschrieben dicht an dicht mit den Papierformen schmücken.

Baum ohne Nadeln

Wie grün sind deine Blätter? Von wegen! Unser Weihnachtsbaum vom letzten Jahr erstrahlt dieses Jahr in Weiß – ganz ohne Nadeln. Dafür habe ich einfach die restlichen Nadeln entfernt und den Baum mit weißem Acryllackspray eingesprüht. Farbe trocknen lassen und mit Christbaumschmuck und allerlei bunten Dingen verzieren – es darf ruhig kitschig werden.

Schneeballkranz

Hier habe ich einen Strohkranz mithilfe von Wickeldraht mit Moos ummantelt. Mit Heißkleber Wattekugeln und mit weißer Farbe betupfte Zapfen – auf Wunsch auch den Papp-Wichtel von Seite 12 – aufkleben. Die Pilze von Seite 20 hineinstecken und mit Heißkleber sichern, dann nur noch ein Band zur Aufhängung festknoten – fertig!

Wichtelgirlande

Meinen Weihnachtswichteln von Seite 12 begegnest du in diesem Buch immer mal wieder. Egal ob als Christbaumschmuck oder als Kerzenständer, eine gute Figur machen die frechen Kerlchen allemal. Als Girlande präsentieren sie sich alle in einer Reihe. Dafür die Figuren von Seite 12 einfach mit Musterbeutelklammern an den Händen miteinander verbinden.

Zauberzapfen

Auf Seite 32 spielen die Glitzerzapfen nur eine Nebenrolle. Als Girlande werden sie schnell zum weihnachtlichen Blickfang am Fenster oder am Kronleuchter. Dafür brauchst du eine Schnur und Polsternägel. Befestige die Zapfen mit den Nägeln einfach entlang der Schnur.

Kugellichter

Weihnachtlicher geht es ja schon fast nicht mehr! Aus bunten Christbaumkugeln werden im Handumdrehen dekorative Kerzenständer. Entferne die Aufhängung der Kugel und stecke eine weiße Baumkerze in die Öffnung. Damit die Kugel nicht umkippt, arrangiere sie auf einem Teller mit Tannengrün und Zapfen.

Ich schmücke unser Zuhause gerne jedes Jahr anders
– sonst würde ich die ganzen Dekorationsideen, die mir so
im Kopf herumschwirren, auch gar nicht alle ausleben können.
Zwei Dinge ziehen sich aber wie ein roter Faden
durch die Gestaltungen: Erstens Farbe! Zweitens Symmetrie!
Symmetrie findet sich in vielen meiner Bastelideen:
in Magneten und Windlichtern in Häuschen-Form oder
in Eiskristallen, Sternen oder Rosetten zum Aufhängen.
Und weil das Dekor immer bunt und verspielt ist,
wirken die Projekte niemals streng.

Windlichter für tausendundeinen Wunsch

In Kirchen ist es üblich, eine Kerze für liebe Menschen oder für Herzenswünsche anzuzünden.
Warum nicht gleich die guten Wünsche auf ein hübsches, mit Liebe gemachtes Windlicht bringen?
Vielleicht braucht jemand ein Licht zur „Entspannung", für „Energie" oder „Mut"?
Oder einfach für eine „frohe Weihnachtszeit"!

Das brauchst du

- verschiedene alte Trink-, Marmeladen- oder Joghurtgläser
- Acryllackspray in Neonpink, Orange und Gelb
- Dekometall-Blattgold
- Anlegemilch für Dekometall-Blattgold
- Spülschwamm mit kratziger Seite
- Schutzlack für Vergoldungen
- Bänder oder Kordeln
- hübsche alte Knöpfe, Streusterne o. Ä. zum Verzieren
- Collagekleber
- Alleskleber
- 2 weiche Borstenpinsel zum Vergolden
- kleiner Pinsel zum Kleben
- Schere

Vorlagen
Seite 138

1 Die Gläser müssen unbedingt sauber und fettfrei sein, damit die Farbe hält. Besprühe sie von innen mit Farbe und vergolde sie außen – oder anders herum. Besonders schön sehen die Windlichter sowieso in der Gruppe aus; wenn dann noch ein paar Gläser außen, ein paar Gläser innen vergoldet sind, umso wunderbarer.

2 Und so funktioniert das Vergolden: Anlegemilch mit einem Borstenpinsel dünn auf das Glas pinseln und laut Packungsanweisung etwa 10 Minuten antrocknen lassen. Dann die Blattgoldbögen einzeln vorsichtig auf die Kleberfläche legen und mit einem trockenen weichen Borstenpinsel glattstreichen. Anschließend mit der kratzigen Seite eines Spülschwamms über die Oberfläche reiben.

3 Pinsele nun Schutzlack, speziell für Blattgold, darüber, damit der Schimmer später nicht vergilbt. Trocknen lassen.

4 Kopiere die Etiketten von Seite 138 oder drucke dir schöne Sprüche am Computer aus und schneide sie aus. Mit Collagekleber auf die getrockneten Farb- oder Goldflächen kleben.

5 Bänder oder Kordeln um die Glasränder binden. Knöpfe, Streusterne oder andere Kleinigkeiten mit Alleskleber auf das Glas kleben oder an die Bänder binden.

Mein Tipp
Größere Reste und Fetzen vom Blattgold kannst du aufsammeln und ebenfalls verwenden. Solches „Flickwerk" mit kleinen Zwischenräumen zwischen den Goldflächen, die wie Risse aussehen, sieht besonders charmant aus.

Christbaumkugeln mit Blattgold

Meine beiden Söhne sind 11 und 7 Jahre alt und damit aus dem Gröbsten raus.
Als sie kleiner waren, sind sie wie alle Kinder nicht gerade zimperlich mit dem Weihnachtsschmuck umgegangen – Kratzer und Blessuren an den Christbaumkugeln waren die Folge. Macht nichts! Blattgold deckt die Schrammen gnädig ab und lässt die Kugeln sowieso edler aussehen.

Das brauchst du

- Christbaumkugeln aus Glas
- Dekometall-Blattgold
- Anlegemilch für Dekometall-Blattgold
- 2 weiche Borstenpinsel

1 Bepinsele die untere Hälfte einer Christbaumkugel dünn mit Anlegemilch. Das muss nicht sehr akkurat werden, Unregelmäßigkeiten und goldene Schlieren finde ich persönlich sehr charmant. Lass die Anlegemilch laut Packungsanweisung etwa 10 Minuten antrocknen.

2 Hebe dann die Blattgoldbögen einzeln auf die Klebefläche und streiche sie mit einem trockenen Pinsel vorsichtig glatt.

Mein Tipp

Die Christbaumkugeln sehen einfach edel aus. Besonders gut kommen sie zur Geltung, wenn man ihnen Raum zum Wirken gibt. An ein paar Ästen in einer schön gestalteten Vase sehen die Goldkugeln einfach unbezahlbar aus.

Christbaumkugeln als Vasen

Kennst du das auch? Die Glaskugeln begleiten uns schon jahrelang, nun sind sie abgegriffen und haben Kratzer und wir bringen es einfach nicht übers Herz, sie wegzuwerfen. Für den Baum funkeln sie nicht mehr genug – was also tun? Mit dieser Idee kommen sie wieder zu neuen Ehren!

Das brauchst du

- alte Christbaumkugeln aus Glas
- Reste von Bändern und Borten, am besten mit durchbrochenen Mustern
- Lackspray in Weiß
- Steckmöglichkeit zum Trocknen, z. B. Schaumstoffklötze oder Schale mit Vogelsand
- Teller, längliche Kuchenform o. Ä.
- Schaschlikspieße
- Stecknadeln
- Schere
- evtl. Einweghandschuhe
- Heißklebepistole

1 Lege Borten oder Bänder provisorisch um einige Kugeln herum und messe damit deren Länge ab. Bänder zuschneiden und mit wenigen Klecksen Heißkleber an der Kugel befestigen. Anfang und Ende der Bänder überlappen lassen und gut festkleben, zum Trocknen mit Stecknadeln sichern.

2 Entferne die Alu-Aufhängungen und besprühe die Kugeln mit weißem Lack. Zum Halten steckst du am besten einen mit einem Einweghandschuh geschützten Finger in das Loch. Danach pikst du die Kugeln auf je einen Schaschlikspieß und steckst diese zum Trocknen z.B. in einen Schaumstoffklotz.

3 Auf der gegenüberliegenden Seite jeder Kugelöffnung ein Tröpfchen Heißkleber anbringen – dieses dient als Fixierung, damit die Vasen später nicht davonrollen.

4 Väschen auf einem schönen Teller anordnen, mit Wasser füllen und Blüten einsetzen. Den Teller kannst du noch mit Zapfen und Zweigen dekorieren.

Stempel selber machen

 Stempel gibt es mittlerweile in einer riesigen Auswahl – einer schöner als der andere. Aber sie sind recht teuer, große Motive kosten meist 20 Euro und mehr. Da mache ich mir doch lieber meine eigenen Stempel, die sonst keiner hat. Mit den Gummistempeln lassen sich nicht nur Karten gestalten. Auch Holz, Karton, Stein oder Keramik lassen sich damit verzieren.

Das brauchst du

- Vinyl-Printblock oder großer Radiergummi
- Cutter oder Skalpell
- Linolschnittwerkzeug
- weicher Bleistift
- Papier

Vorlagen

Seite 139

1 Zuerst paust du dir ein Motiv von den Vorlagen auf Seite 139 mit einem weichen Bleistift auf Papier ab. Oder du zeichnest ein eigenes Bild auf. Der Bleistift muss auf jeden Fall weich sein, sonst funktioniert der Transfer des Motivs nicht.

2 Drücke den Printblock oder den Radiergummi fest auf die Bleistiftzeichnung, so überträgst du die Konturen auf den Block oder Radiergummi. Das Motiv ist nun spiegelverkehrt auf der Gummifläche zu sehen.

3 Jetzt kannst du das Motiv freilegen: Das, was später gestempelt werden soll, muss erhaben stehen bleiben. Alles andere nimmst du Stück für Stück mit einem Cutter weg. Beim Herausarbeiten von Details oder Verzierungen habe ich mit Linolschnittwerkzeug gute Erfahrungen gemacht.

4 Probiere es einfach mal aus! Du kannst auch Schriften als Stempel schnitzen. Wenn du die Schrift abpaust und auf den Radiergummi überträgst, ist sie bereits spiegelverkehrt.

Getöpferte Magnete

Am Kühlschrank sammeln sich ja häufig allerlei Kuriositäten: Konzertkarten von vor zwei Jahren, Zeitschriftenausschnitte, von denen man gar nicht mehr so genau weiß, warum man sie aufheben wollte. Auch die Weltreise einer Postkarte endet oft dort. Wenn wir schon eine solche Sammlung besitzen, sollte sie auch von einzigartigen Magneten gehalten werden.

Das brauchst du

- feiner Aufbauton in Weiß
- dünner Draht zum Schneiden des Tons
- Spanplatte als Unterlage
- Nudelholz
- Cutter
- Wassergefäß und Schwämmchen
- feuchtes Tuch und Plastiktüte zum Verpacken des restlichen Tons
- Ausstechförmchen und/oder Stempel, gekauft oder selbst gemacht
- Gegenstände, die hübsche Muster beim Abdrücken erzeugen, z. B. Nähmaschinen-Spule, Knöpfe mit Reliefmuster
- Unidekorfarben und flüssige Fertigglasuren
- weicher Borstenpinsel und feiner Pinsel zum Glasieren
- Magnetplättchen
- Alleskleber

1 Stelle kleine Anhänger aus Ton her. Wie das genau funktioniert, erkläre ich dir auf Seite 77.

2 Auf die Rückseite der fertigen Keramikteile starke Magnete ankleben – verwende wirklich starke Magnete! Ansonsten ärgerst du dich später, wenn Postkarten und Co. vom Kühlschrank rutschen, das weiß ich nur zu gut aus eigener Erfahrung.

Mein Tipp

Kaufe zum Verzieren Irdenware, also Keramikteller – diese sind vergleichsweise günstig zu haben. Steinzeug und Porzellan sind nicht geeignet, da diese bereits bei einer hohen Temperatur gebrannt wurden. Bei einem weiteren Glasurbrand würde die Glasur nicht halten. Grundsätzlich solltest du einen Probebrand durchführen, um sicher zu gehen, dass Teller und Glasur auch zusammenpassen.

Teller mit eigenem Design

Das Töpfern von Tellern ist alles andere als leicht – das weiß jeder, der schon einmal an der Töpferscheibe saß. Erst nach vielen, vielen Versuchen wird der Teller annähernd rund und gerade. Und dann kann er sich beim Trocknen und Brennen immer noch verziehen. Warum also diesen Schritt, bis er gemeistert ist, nicht einfach überspringen und nach Herzenslust einfach gekaufte Teller bemalen?

1 Positioniere den Teller mittig auf der Ränderscheibe oder dem Drehteller. Eine kleine Kugel Ton oder Knete unter dem Teller „klebt" ihn an die Scheibe, sodass er sich beim Drehen nicht verschieben kann. Drehe die Scheibe. Falls der Teller nun nicht rund läuft, verändere dessen Position, bis er ruhig und gleichmäßig im Kreis läuft. Das braucht etwas Übung.

2 Die Glasuren sollten von derselben Firma und für denselben Brennbereich sein, damit man die einzelnen Farben wild miteinander kombinieren kann. Rühre die einzelnen Glasuren gut um. Sie sind mit Wasser verdünnbar, falls sie dir zu dickflüssig erscheinen. Meistens haben sie aber schon genau die richtige Konsistenz. Glasuren solltest du eher dickflüssig verwenden.

3 Entweder du malst nun sofort mit dem spitzen Pinsel feine Muster auf den weißen Teller (siehe Schritt 4) oder du grundierst ihn mit dem breiten Pinsel zuerst komplett oder teilweise mit Flüssigglasur in deiner Wunschfarbe. Drehe dazu die Scheibe mit der einen Hand gleichmäßig schnell. Nun setzt du mit der anderen Hand den Pinsel ruhig an einer Stelle an und hältst ihn still (am besten den Ellenbogen auf den Tisch aufstützen), bis ein Streifen des Tellers gleichmäßig mit Glasur bedeckt ist. Durch das Drehen der Scheibe wird also der Teller bewegt, nicht der Pinsel! Dann ein Stück daneben den Pinsel erneut ansetzen, dabei auf Wunsch die Farbe wechseln. Die Übergänge können nass in nass ineinander laufen, du kannst harte oder weiche Kanten produzieren – alles je nach Pinselführung. Probiere es einfach aus. Ohnehin wird jeder Teller ein Unikat. Wer sich vermalt hat, kann die Glasur einfach wieder abwaschen oder kleine Muster mit einem Wattestäbchen korrigieren. Grundierung trocknen lassen. Ungeduldige können den Föhn zu Hilfe nehmen, dann muss der Teller dabei gedreht werden.

4 Nun folgen feine Muster: Die bereits getrockneten Ringel sind tolle Hilfslinien für die Verzierungen. Trage dafür die Glasur mit einem dünnen Pinsel auf. Nimm nicht zu wenig Glasur auf den Pinsel, die Muster dürfen ruhig erhaben hervorstehen. So werden die Farben später schön intensiv! Ich habe größtenteils nur Pünktchen und kleine Bögen aufgemalt – verrückt, welche Vielzahl an Varianten nur mit diesen einfachsten Formen entsteht.

5 Nach dem Trocknen die Teller im Glasurbrand bei 1050°C brennen. Infos, wie und wo du brennen kannst, findest du auf Seite 130.

Das brauchst du

- weiße Keramikteller (Steinzeug- oder Porzellangeschirr geht nicht)
- Flüssigglasuren für Keramik
- Ränderscheibe oder Pizzadrehteller
- breiter, flacher Borstenpinsel
- verschiedene spitze Synthetikpinsel
- Rest weicher Ton, Kinderknete o. Ä.
- Holzstäbchen, Plastiklöffel o. Ä., zum Umrühren der Glasur
- evtl. kleiner Lappen und Wattestäbchen zum Korrigieren
- evtl. Föhn

Mein Tipp

Wer keine Brennmöglichkeit findet, kann die Teller auch mit Dekorfarbe für Keramik aus dem Bastelladen veredeln. Diese kann man selbst im Backofen einbrennen. Das optische Ergebnis kommt der echten Glasur recht nahe. Was die Haltbarkeit in der Spülmaschine angeht, ist die Farbe nicht so beständig wie Glasur, aber für einzelne, nicht so häufig benutzte Teller ist sie durchaus zu empfehlen. Wichtig ist, dass die Farbe lebensmittelecht ist.

Hereinspaziert!

Ich liebe unsere blaue Eingangstür im ersten Stock, sie bietet mir immer wieder eine Bühne für allerlei Kreatives. Die Idee mit den Kreide-Verzierungen ist übrigens nicht nur etwas zur Weihnachtszeit – auch Glückwünsche, Sprüche oder die Namen der Bewohner lässt sie zu jeder Jahreszeit in neuem Licht erstrahlen.

Das brauchst du

Für den Kranz
- Kreidestift
- Kreisschablone, z. B. Topfdeckel in passender Größe
- ausgedruckter Schriftzug in Wunsch-Schrift
- buntes Papier
- Motivstanzer „Stern" und „Schneeflocke" oder Schere und Vorlage von Seite 143
- Klebeband
- Niedrigtemperatur-Heißklebepistole

Für das Banner
- festeres Druckerpapier
- Acryl- oder Wasserfarben
- Schrägband
- Pinsel
- Nähmaschine oder Bürotacker

Vorlagen

Seite 140

1 Zeichne zuerst mithilfe eines Topfdeckels als Schablone mit dem Kreidestift einen Kreis ans Glas. Dies ist das Grundgerüst des Kranzes, von dort ausgehend zeichnest du Ästchen, Nadeln oder Blätter oder was dir sonst noch einfällt. Drucke den Schriftzug in passender Größe aus und fixiere das Blatt mit Klebeband auf der Rückseite der Scheibe. Wenn du dich genau davorstellst, kannst du die Konturen selbst durch dickes Glas gut abpausen.

2 Verziere den Kranz mit Sternchen und Schneeflocken, die du zuvor aus Papier ausgestanzt oder ausgeschnitten hast. Das Befestigen klappt mit einer Niedrigtemperatur-Heißklebepistole am besten. Mein Tipp: Wenn du mit dem Kreidestift auf die eine Glasseite zeichnest, die bunten Sterne auf die andere Seite kleben, denn der Kleber klebt nicht so gut auf der Kreidefläche.

3 Für das Banner über der Tür vergrößerst du die Vorlage von Seite 140 und kopierst sie auf festes Druckerpapier. Nun Stück für Stück bemalen und beschriften, anschließend die Oberkanten der Wimpel in Schrägband einlegen und mit der Nähmaschine in einem Rutsch festnähen. Alternativ kannst du die Wimpel auch ans Band tackern. Zum Anbinden der Girlande das Band am Anfang und am Ende überstehen lassen.

4 Als i-Tüpfelchen noch eine Lichterkette und mittig eine Tyvec®-Rosette (von Seite 122) aufhängen.

Kerzenständer in Steinoptik

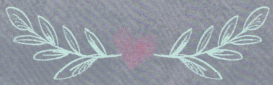

Nein, ich habe keine Feldsteine durchbohrt und wie ein Steinmetz Muster hineingehämmert. Viel zu anstrengend! Ich habe mir „Steine" nach Lust und Laune selbst getöpfert und zu Kerzenständern aufeinandergeschichtet. Mehrere dieser Ständer nebeneinander sehen besonders hübsch aus.

1 Nimm dir eine kleine Tonportion und forme mehrere Kugeln, die du anschließend zu einer Steinform abflachst. Die „Steine" dürfen ruhig in der Größe etwas variieren.

2 Für den „Fuß" des Kerzenständers stellst du einen dickeren, breiteren „Stein" her. Für den obersten Abschluss brauchst du einen flachen, schalenförmigen Stein.

3 Wenn du möchtest, kannst du nun Ornamente in den Ton drücken, z. B. indem du die Ton-„Steine" über einen Stempel oder andere strukturierte Flächen rollst.

4 Versehe alle Steine mittig mit einem Loch, am besten mithilfe eines stabilen breiten Trinkhalms. „Steine" trocknen lassen.

5 Lasse die Teile nun erstmalig bei 900°C brennen. Tipps zu Brennmöglichkeiten findest du auf Seite 130. Bepinsele dann einige „Steine" mit Glimmerglasur, lasse sie einige Sekunden trocknen und wische die Oberfläche mit einem feuchten Schwämmchen wieder ab. Auf diese Weise bleiben Glimmerpartikel zurück. Im Bereich der Ornamente kannst du eine Goldglasur auftragen und nach kurzem Antrocknen ebenfalls leicht darüberwischen – ein Hauch von Gold in den Vertiefungen zaubert schöne Effekte. Danach folgt der Glasurbrand bei 1040°C.

6 Nach dem Glasurbrand die „Steine" an einem Essstäbchen auffädeln und übereinanderschichten. Unten bildet der dickere „Fußstein" die Basis, ganz oben sitzt der „Stein" für die Kerze. Fixiere den untersten und obersten „Stein" mit Heißkleber jeweils am Essstäbchen. Die Tonteile dazwischen müssen nicht extra mit Kleber gesichert werden.

7 Das oben heraustehende Stäbchen mit einer Gartenschere abknipsen, Kerze hineinstellen – fertig!

8 Für einen Kerzenständer mit nur einem Stein formst du einen dicken „Stein". Drücke eine Kerze hinein und ruckele sie etwas hin und her, damit die Vertiefung im Ton ein wenig größer wird. Der Ton schrumpft beim Brennen und wir wollen sichergehen, dass die Kerze am Ende auch hineinpasst.

Das brauchst du

- feiner Aufbauton in Weiß
- Spanplatte als Unterlage
- dünner Draht zum Schneiden des Tons
- feuchtes Tuch und Plastiktüte zum Verpacken des restlichen Tons
- Glimmer- oder Goldglasur
- weicher Borstenpinsel zum Glasieren
- evtl. Stempel oder strukturierte Gegenstände zum Abformen der Muster
- chinesische Essstäbchen
- breiter Trinkhalm
- Wassergefäß und Schwämmchen
- Heißklebepistole
- evtl. Gartenschere
- Christbaumkerzen

Mein Tipp

Wer nicht mit richtigem Ton hantieren möchte, kann die Kerzenständer auch aus lufttrocknender Modelliermasse machen und anschließend mit Granit-Effekt-Spray bemalen. Dann entfällt das Brennen.

Kugeln am Fenster

Nanu, die baumeln ja gar nicht?! – Genau, die Christbaumkugeln sind auf die Scheibe aufgeklebt. Diese fixe Adventsdeko passt überall: an kleinen Scheiben sowie an großen gläsernen Terrassentüren. Mit den Motivstanzern gelingt sie in Windeseile. Wer keine Stanzer hat, kann natürlich auch mithilfe zweier Gläser oder dem Zirkel Kreise aufmalen und ausschneiden.

Das brauchst du

- kreisförmige Motivstanzer, ø 7,5 cm und 5 cm, alternativ zwei unterschiedlich große Gläser
- Bleistift und Schere
- Papier, z. B. buntes Transparentpapier, gemustertes Origami- oder Geschenkpapier
- ablösbarer Sprühkleber
- Kreidestift in Weiß

1 Stanze aus schönem Papier Kreise heraus oder schneide sie aus dem Papier. Zwei unterschiedlich große Gläser dienen dabei als Schablone.

2 Mit Sprühkleber bringst du die Kreise auf die Fensterscheibe. Ich finde es am schönsten, wenn sie in unterschiedlichen Höhen angebracht werden. Es muss übrigens unbedingt wieder ablösbarer Kleber sein, sonst hängen die Kugeln an Ostern noch an deinem Fenster.

3 Danach mit dem Kreidestift Bänder und Schleifen ans Fenster malen, und zwar so, als würden die Kugeln daran aufgehängt sein.

Mein Tipp

Wähle das Papier nicht allzu dick. Teste die Wirkung besser direkt am Fenster, indem du das Papier ins Gegenlicht hältst. Das Muster sollte interessant durchscheinen.

Sternchenregen

Sterne und Schneeflocken glitzern am Fenster, von Regalen und Schränken herunter oder schmücken den Weihnachtsbaum – selbst gebastelte Girlanden machen es möglich! Der Clou ist aber ein Bäumchen, das nur dazu da ist, all den mit Liebe ausgestanzten Sternen ein Zuhause zu geben.

Das brauchst du

- buntes Transparentpapier, gemustertes Origamipapier, klein gemustertes Geschenkpapier, Goldpapier o. Ä.
- möglichst große Motivstanzer „Stern" und „Schneeflocke"
- evtl. größere Streusterne
- Pappe für Schablonen
- Schere
- Niedrigtemperatur-Heißklebepistole
- verzweigter Ast
- kleiner Übertopf oder Metalleimer
- Moos
- Vogelsand
- Gartenschere

1 Als Allererstes brauchst du Sterne – viele Sterne, sehr viele Sterne ... Stanze sie in verschiedenen Größen aus allen möglichen Papiersorten aus. Du kannst auch welche per Hand ausschneiden: Übertrage dazu meine Vorlagen von Seite 143 in geeigneter Größe auf Pappe, schneide diese aus und nutze sie als Schablonen oder kombiniere Streusterne dazu.

2 Und für mehr Abwechslung stanze noch ein paar Schneeflöckchen aus Papier aus.

3 Für das Bäumchen einen verzweigten Ast mit der Gartenschere in eine Baumform bringen. Den Metalleimer mit Vogelsand auffüllen, den Ast hineinstecken und mit Moos abdecken. Die Sterne mit Heißkleber auf die Astspitzen kleben.

Mein Tipp

So kannst du mehrere Sterne gleichzeitig ausschneiden: Ablösbaren (!) Sprühkleber dünn auf das Papier sprühen, ein weiteres Blatt auflegen, wieder sprühen ... bis zu fünf Lagen kannst du auf diese Weise am Verrutschen hindern. Dann die Sternform mithilfe der Schablone auf das oberste Papier zeichnen, Figuren zusammen ausschneiden, Lagen voneinander lösen.

Umwickelt und aufgehübscht

Am Anfang dieser Idee stand ein kleiner hungriger Hase – gar nicht typisch für eine Weihnachtsdekoration.
Aber unser Häschen hat im Garten, wo es frei laufen darf, immer an den Baumrinden geknabbert.
Da habe ich die Stämme mit Wolle und Bändern umwickelt (siehe Seite 68).
Und wo ich schon mal so gut in Fahrt war, wurden andere Gegenstände auch gleich eingewickelt.

Das brauchst du

- verschiedene Reste von Bändern, Borten, Wolle, Schnüre o. Ä.
- Schaumstoff-Kranz, Glasflaschen oder Plastik-Christbaumkugeln (je nachdem, was du verzieren möchtest)
- doppelseitiges Klebeband
- Alleskleber
- Stecknadeln
- Schere

1 Für die Verschönerung von Flaschen oder Christbaumkugeln klebst du einen Streifen doppelseitiges Klebeband an; bei der Flasche ist ein zweiter Streifen Klebeband – je nach Dicke auch ein dritter Streifen – hilfreich.

2 Ziehe den oberen Schutzstreifen der Klebebänder ab und umwickele die Gegenstände nach Lust und Laune mit den Bändern und Wollresten. Die Enden kannst du entweder verknoten oder Anfang und Ende gut am Klebeband festkleben und die Bänder und Schnüre anschließend über die Ansatzstellen wickeln. Manchmal ist auch ein Tröpfchen Kleber gut, um Anfang und Ende bestmöglich zu sichern. Bis der Kleber trocken ist, fixieren Stecknadeln provisorisch die Bänder.

Baumschmuck aus der Klebepistole

Transparent und licht, fast wie Glas – oder besser noch wie Eis – sehen diese Schneekristalle und Eisblumen aus. Lass deine Gäste, wenn sie zum Adventskaffee vorbeischauen, doch einmal raten, aus welchem Material die Baumanhänger sind. Wird jemand darauf kommen, dass sie aus Heißkleber sind?

1 Entwerfe eigene Schneesterne und Eisblumen. Lege Backpapier über deine Zeichnungen und befestige es mit Klebestreifen auf einer Unterlage, z. B. einem alten Holzbrettchen, damit es nicht verrutschen kann. Die Vorlagen solltest du durch das Backpapier hindurchsehen können.

2 „Male" mit der Heißklebepistole die Konturen auf das Backpapier. Achte darauf, dass die Kleberlinien nicht zu dünn werden und alle Linien miteinander verbunden sind, damit keine Teile herausfallen.

3 Wenn die Sterne abgekühlt sind, kannst du sie vorsichtig vom Backpapier abziehen und mit einer Schnur aufhängen.

Das brauchst du

- Heißklebepistole
- Backpapier
- dünne Schnur zum Aufhängen
- Klebestreifen

Mein Tipp
Die Heißklebersterne haften auch am Fensterglas. Sie sind einfach wieder ablösbar.

Du kannst die Sterne auch direkt auf eine alte Keksdose aus Blech „malen". Anschließend übersprühst du den Deckel und den unteren Teil der Keksdose mit Lackspray in Weiß.

Schneesterne auf Bierdeckeln

Mit Bierdeckeln kann man mehr tun, als wackelige Tische zu bändigen.
Mit etwas Farbe und einer Heißklebepistole verwandelst du auch alte Deckel schnell in eine bezaubernde Weihnachtsdekoration.

Mein Tipp

Wer keine Klebepistole hat, kann auch Holzleim nehmen. Dann musst du aber etwas Geduld haben, denn der Leim braucht etwa zwei Tage zum Trocknen. Wer nicht nur verzierte Bierdeckel an den Baum hängen möchte, kann sich aus Pappe andere einfache Grundformen, wie Sterne und Herzen, schneiden und diese mit der Klebepistole „bemalen".

Das brauchst du

- Bierdeckel (mit Werbung oder blanko aus dem Internet)
- Ausstechförmchen „Stern"
- Schraubdeckel oder andere runde Formen als Schablone
- kleine Pailletten und Streusterne
- Acrylfarbspray in Weiß
- Acrylfarbe in Gold und Türkis
- breiter Pinsel
- Schnur zum Aufhängen
- Bleistift
- Heißklebepistole
- Alleskleber
- Lochzange

1 Zeichne dir zuerst ein paar Hilfslinien auf die Bierdeckel, damit die Eiskristalle und Schneesterne möglichst gleichmäßig werden. Bei Sternformen hilft ein Plätzchenausstecher, bei Eiskristallen mehrere ineinander liegende Kreise.

2 „Zeichne" mit der Klebepistole die Eiskristalle auf die Deckel. Du wirst merken, dass sehr feine Details nicht möglich sind, aber das macht nichts.

3 Nach dem Trocknen des Klebers den gesamten Bierdeckel weiß ansprühen und erneut trocknen lassen.

4 Wer möchte, kann anschließend noch mit Goldfarbe oder Türkis und einem breiten Pinsel leicht über die Deckel wischen, sodass nur die erhabenen Muster Farbe abbekommen. Gegebenenfalls noch mit Alleskleber Pailletten und Streusterne aufkleben.

5 Zum Schluss mit der Lochzange ein Loch in den Deckel stanzen und ein Stück Schnur zum Aufhängen hindurchfädeln.

Schneeballstrauß und Tafelvase

Der winterliche Zweig ist eine Last-Minute-Deko, wenn es draußen mal wieder nicht geschneit hat. Die Vase braucht etwas Zeit – Trocknungszeit zumindest. Aber dafür hat man auch viele Jahre etwas davon.

Das brauchst du

Für den Schneeballstrauß
- Ast aus dem Garten oder vom Spaziergang
- weiße Kugeln aus Papier oder Schaumstoff, ø 1–3 cm
- Niedrigtemperatur-Heißklebepistole

Für die Vase
- Glasflasche
- Acryllackspray in Neonpink
- transparente Tafelfarbe
- weicher Borstenpinsel
- Kreidestift

1 Der winterliche Zweig ist ratzfatz fertig: Die Papier- oder Schaumstoffkugeln einfach mit der Heißklebepistole am Ast fixieren. Hier ist wieder das Niedrigtemperatur Modell wichtig, da sonst die Schaumstoffkugeln anschmelzen würden.

2 Für die Vase besprühst du die gut gesäuberte Flasche mit Acryllack und lässt sie trocknen. Danach pinselst du eine Schicht transparente Tafelfarbe darüber. Nach erneutem Trocknen ist die Vase einsatzbereit. Auf Wunsch kannst du noch Muster oder kleine Botschaften mit dem Kreidestift aufmalen.

Mein Tipp
Die schönen schwarz-weißen Kerzenständer sind ähnlich gemacht und eine super Ergänzung zum Schneeballstrauß in der Tafelvase. Du findest sie auf Seite 18.

Christbaumkugel-Makeover

Aufwendig gestaltete Christbaumkugeln gibt es in der Vorweihnachtszeit überall zu bestaunen und zu kaufen. Wollte man einen ganzen Baum damit ausstatten, müsste man ein kleines Vermögen ausgeben. Günstiger ist, sich seine bunte Kugelparade selbst zu gestalten. Bastelspaß und staunende Blicke gibt es gratis dazu.

1 Wische die Kugeln zuerst vorsichtig feucht ab. So kann der Kleber besser haften. Bevor du jedoch mit dem bunten Makeover startest, sollten die Kugeln wieder trocken sein.

2 Klebe Sternchen, Pailletten und was dir ansonsten noch in die Finger kommt mit Alleskleber auf die Kugeln. Wenn du statt Alleskleber einen Glitzerkleber verwendest, ergeben sich schöne Effekte. Pailletten solltest du allerdings immer mit Alleskleber aufkleben; meine Erfahrung hat gezeigt, dass sie mit Glitzerkleber häufig nicht gut halten. Statt Glitzerkleber kannst du auch Nagellack verwenden. Überhaupt – auch mit Nagellack lassen sich schöne Muster auf die Kugeln bringen.

3 Setze Nagellack- oder Klebepunkte auf die Kugeln und bringe darauf deine Materialien auf – von Goldsternchen bis Wackelauge! Lasse den Kleber und Nagellack gut trocknen. Dabei hilft ein Trick: Ich habe mir aus zwei Äpfeln und einem Holzspieß einen Ständer gemacht, an den ich die Kugeln gehängt habe. Aber auch Eierbecher können hier wunderbare Dienste leisten.

Das brauchst du

- alte einfarbige Christbaumkugeln
- Pailletten, Streuteile, Glitzersternchen, Wackelaugen etc.
- bunter Nagellack
- Alles- oder Glitzerkleber
- Niedrigtemperatur-Heißklebepistole
- Glitzerpatronen und bunte Patronen für die Niedrigtemperatur-Heißklebepistole

Mein Tipp

Eine Anleitung für den goldenen Baum, der meine bunten Kugeln so extravagant präsentiert, findest du übrigens auf Seite 24.

Blauer Glitzerkleber sieht für sich schon festlich aus, jetzt werden noch goldene Sternchen darauf gedrückt.

Auch kleine Knöpfe können als Verzierung dienen. Der goldene Glitzerkleber sorgt für den festlichen Glanz.

Meine Trocknungsstation! Man könnte fast meinen, ich hätte mich bei der Farbauswahl der Kugeln von den Äpfeln inspirieren lassen.

Winter-Windlichter

 Es ist erstaunlich, wie viele leere Schraubgläser sich in meiner Familie in nur einer Woche ansammeln. Anscheinend vertilgen wir Massen an Konfitüre, Senf, Erdnussbutter, sauren Gürkchen und vielem mehr. Was übrig bleibt, ist, neben etwas Hüftgold, eine Menge leerer Gläser. Zeit, etwas daraus zu machen!

Das brauchst du

für ein wolliges Windlicht

- leeres, sauberes Glas
- abgelegte Kleidung, z. B. Strickpulli, Wollstrumpfhose, Socken o. Ä.

Schneide ein tunnelförmiges Stück deiner abgelegten Kleidung ab: Das kann der Ärmel eines Pullis, der Schaft eines Sockens oder das Bein einer Strumpfhose sein. In der Länge passend zurechtschneiden und über das Glas stülpen.

Das brauchst du

für ein gestreiftes Windlicht

- leeres, sauberes Glas
- Masking Tape in verschiedenen Farben und Mustern
- Deko, z. B. Paketschnur, Bänder, Metallglöckchen o. Ä.

Das Masking Tape einfach um die Gläser kleben und den oberen Rand auf Wunsch mit Bändern und Glöckchen dekorieren – fertig.

Das brauchst du

für ein besprühtes Windlicht

- leeres, sauberes Glas
- Reste von Spitzen- und anderen durchbrochenen Bändern, Borten mit Bogenkante, Zackenlitze, Paketschnur o. Ä.
- Acryllackspray in Weiß
- Unterlage zum Besprühen, z. B. alter Pappkarton
- evtl. Heißklebepistole

1 Bänder, Borten & Co. um das Glas wickeln und gut festknoten. Sehr breite Borte befestigst du provisorisch mit zwei Tupfen Heißkleber.

2 Jetzt die Gläser mit der Öffnung nach unten auf eine Unterlage stellen und mit Lackspray besprühen. Trocknen lassen.

3 Ist der Lack getrocknet, die Bänder und Borten abwickeln. Das Spitzen-Muster kommt nun zum Vorschein. Die Bänder können beliebig oft wiederverwendet werden.

Papierbäumchen-Wald

 Tannenbäume wohin man schaut! Eigentlich wollten meine Kinder und ich nur ein paar Papierbäume fürs Fensterbrett machen. Aber dann dachten wir: Hey, das wäre auch etwas als weihnachtliche Tischdeko, als Schmuck in der Mitte des Adventskranzes, für die Konsole vor dem Flurspiegel ... Nun ziert ein ganzer Wald unser Haus.

1 Bereite zuerst die „Füße" der Bäumchen vor. Dazu bohrst du in die Astscheiben Löcher, in die später der Draht gesteckt wird. Aber nicht ganz durch das Holz hindurchbohren.

2 Zeichne Bäumchen frei Hand, entweder sofort auf das Transparentpapier oder erst auf Druckerpapier, nutze Letzteres dann als Schablone. Du kannst auch meine Vorlagen von Seite 134 kopieren und ausschneiden. Wer einen eigenen Baum malt und ihn schön gleichmäßig möchte, faltet das Papier längs und malt nur einen halben Baum direkt an die Bruchkante. Ausschneiden und aufklappen – fertig ist ein wunderbar symmetrisches Bäumchen.

3 Nun geht es ans Dekorieren: Bemale, bestempele und beklebe die Bäume nach Herzenslust. Festliche Glanzpunkte bekommen sie mit aufgeklebten Streuteilen und Pailletten.

4 Schneide nun Drahtstücke zu, die ungefähr doppelt so lang sind wie die Bäumchen hoch – aber nimm das Maß nicht zu genau. Je länger der Draht, desto „hochbeiniger" der Baum.

5 Klebe den Draht mit Alleskleber von hinten ans Papierbäumchen – genau im Knick – und stecke das Ende nach der Trocknungszeit ins Loch der Astscheibe. Auch hier ein Tröpfchen Kleber zum Fixieren verwenden.

6 Auf Wunsch kannst du noch ein Fähnchen mit einem persönlichen Gruß versehen und an die Baumspitze kleben.

Das brauchst du

- Transparentpapier in Weiß und farbig, evtl. Druckerpapier
- dicker Aluminiumdraht, ø ca. 2 mm
- Astscheiben, ca. 1,5 cm stark
- Pailletten, Streusternchen o. Ä. als Verzierung
- Wachsfarben
- Buntstifte
- Stempel
- Stempelkissen in Farben nach Wunsch
- Bleistift
- Alleskleber
- Schere
- Akkuschrauber und Bohrer, ø ca. 2 mm

Vorlagen

Seite 134

Mein Tipp

Bei dieser Bastelei hast du viel Spielraum: Wer keine Astscheiben hat oder nicht bohren mag, nimmt einfach Korken, in die er mit etwas Kraft die Drahtstücke hineinpikt. Variieren auch das Papier und probiere Bäume aus Buchseiten, Notenblättern oder was dir ansonsten noch in die Finger kommt aus.

Häuschen aus Getränkekartons

Ein asiatisches Teehäuschen, eine toskanische Villa, ein schmuckes Bürgerhaus und ein Mini-Schloss – was haben diese Bauwerke in unserem Fall gemeinsam? Dieselben Materialien: Getränkekarton, Acrylfarbe und jede Menge Kreativität. Entdecke den Architekten in dir!

Das brauchst du

- leere, ausgespülte Getränkekartons (z. B. von Saft oder Milch)
- runde und rechteckige Pappteller
- verschiedene Tortenspitzen
- Muffin- und Pralinenförmchen aus Papier
- Acrylfarbe oder Acryllackspray in Weiß und Pastelltönen
- dicker weißer Lackstift
- Pinsel
- Bleistift
- Lineal
- Geodreieck®
- Cutter oder kleine Schere
- Heißklebepistole

1 Halbiere die Getränkekartons waagerecht mit dem Cutter und wasche sie sorgfältig aus. Beide Teile können zu Häuschen werden – aus einem Saftkarton entstehen also gleich zwei Häuser.

2 Die Kartonhälften von außen mit Farbe bepinseln oder mit Lackspray ansprühen. Der Farbauswahl und Fantasie sind keine Grenzen gesetzt.

3 Die grundierten Kartonhälften mit der Schnittkante nach unten auf die Arbeitsfläche stellen. Zeichne dir Türen und Fenster mit Bleistift vor. Die Fenster schneidest du mit dem Cutter aus. Wer gleichmäßig geformte und gleich große Fenster möchte, macht sich am besten eine Schablone. Die Tür nur an drei Seiten einschneiden, sodass sie noch an der Türangel mit dem Getränkekartonhäuschen verbunden bleibt. Die Tür aufknicken.

4 Mit einem weißen Lackstift Fenster und Türen umranden und Verzierungen anbringen. Du kannst auch die Dächer der Häuschen mit weißer Acrylfarbe bemalen, sodass sie wie verschneit aussehen. Eventuell noch ganz leicht mit weißer Farbe über die Häuschen wischen, dann wirken die Fassaden fast wie echt verputzt.

5 Nun kannst du die Häuser weiter verzieren. Bringe z. B. „Stuck" über den Fenstern an, indem du Ecken von Papptellern oder Stücke von Tortenspitzen und Papierförmchen aufklebst.

6 Die oberen Hälften der Getränkekartons haben meist schon eine Dachform: Sie sind etwas abgeschrägt und der ursprüngliche Ausguss erinnert an einen Schornstein. Die Unterseiten müssen noch etwas mehr herausgeputzt werden. Bastele Dächer aus verschiedenen runden oder eckigen Papptellern. Runde Pappteller kannst du beispielsweise vom Rand bis zum Mittelpunkt einschneiden und zu einer Tütenform einrollen. Diese Form mit Heißkleber fixieren und zum Schluss als Dach auf die Kartons kleben.

Mein Tipp

Wer 24 Häuschen gestaltet – also 12 Getränkekartons verbastelt – erhält einen tollen Adventskalender. Da die Häuser unten offen sind, lassen sich prima kleine Geschenke darunter deponieren. Mit einer Lichterkette entsteht eine weihnachtlich-zuckersüße Mini-Stadt.

Weitere Ideen

Baumstamm umwickelt

Und hier fing alles an: Kaninchen vom Knabbern abgehalten, Woll- und Bänderreste aufgebraucht – alle glücklich! Wie schon Künstler in New York und anderen Städten habe ich die Stämme mit allerlei Schönem umwickelt. Wichtig ist, dass du die Bänder nicht dauerhaft am Baum lässt, damit nichts einwächst.

Umwickelter Kranz

Wie der Baum und die Flasche von Seite 54 wurde auch dieser Kranz aus Schaumstoff mit Stoffresten umwickelt. Die Bänder werden einfach mit Stecknadeln auf der Rückseite befestigt.

Kranz mit Federn

Diesen weiß-flauschigen Federkranz gab es fertig zu kaufen, ich habe ihn lediglich ein bisschen aufgepeppt, indem ich Streuteile mit Heißkleber aufgeklebt habe.

Kleiner Tannenbaum

Auch so kann ein festlicher Baum aussehen. Der kleine Baum ist geschmückt mit selbst gemachten Anhängern aus Papier, Tortenspitze und Pralinenförmchen, dazu noch Glanzfolie, Motivstanzer und schöne Bänder. Besonders toll finde ich bei diesem Baum die rot-weiß gestreifte Wolle im Zuckerstangen-Look. Die Wolle habe ich ganz zufällig beim Einkauf in meinem Supermarkt entdeckt. Perfekt für meinen kleinen Weihnachtsbaum.

Teller für Süßigkeiten

Schokoladennikoläuse, Pralinen, Plätzchen – an Weihnachten gibt es immer mehr als genug leckere Süßigkeiten. Die Bonbonpapier- und Schokoverpackungen werden aber gleich weiterverarbeitet. Mit Collagenkleber (Klarlack geht auch) bringe ich die Papiere auf Holzteller und leicht angeschliffene Blechdosen auf. Da macht das Naschen gleich doppelt so viel Spaß.

Fenstersterne

Eine schnelle, aber äußerst effektvolle Fensterdekoration sind diese Sterne aus Tortenspitze. Dafür schneidest du einfach eine Sternenform aus der zusammengefalteten Tortenspitze aus und befestige das Fensterbild mit wiederablösbarem Sprühkleber an deinem Fenster.

Ich bin eigentlich kein verschwenderischer Mensch, aber an Weihnachten lasse ich mich regelmäßig zu größeren Ausgaben hinreißen – für Geschenke nämlich. Aber eigentlich ist es viel schöner, selbst gebastelte Dinge zu verschenken. Individuelle, mit Liebe gemachte Kreationen kommen immer an! Ganz besonders toll ist es, wenn sie einen besonderen Kniff haben: ein Kinderfoto auf einem Bauklotz oder der Schal des Kuschel-Schneemanns, der aus einer verwaisten Lieblings-Socke gemacht wurde. Bereite deinen Lieben eine Überraschung, die kein gekauftes Geschenk der Welt machen kann!

Pilz-Windlichter

In gleicher Machart, aber ohne Pilz-Hut und aus rotem Ton, hatte ich mit 16 Jahren meiner Mama meine ersten selbst gemachten Lichthäuser geschenkt. Die selbst getöpferten Lichter hat sie noch heute. (Sie sind auf Seite 100 zu sehen.)

Das brauchst du

- feiner Aufbauton in Weiß
- Mini-Ausstechförmchen in quadratischer Form oder die Alu-Schale eines Teelichts (siehe „Mein Tipp")
- runde Ausstechformen in drei verschiedenen Größen, alternativ verschiedene Gläser und ein Kuchenteller
- evtl. Mini-Ausstechförmchen „Stern"
- Glasur in Rottönen und verschiedenen anderen Farben
- evtl. Stempel (selbst gemachte Stempel siehe Seite 44), Borten oder ähnliche Dinge mit schöner Struktur
- 2 Leisten, ca. 6 mm hoch
- Spanplatte als Unterlage
- Nudelholz
- Geodreieck
- Maßband oder Stück Schnur
- Skalpell
- dünner Draht zum Schneiden des Tons
- weiche Pinsel zum Glasieren
- kratziger, kleiner Borstenpinsel
- Trinkhalm
- Wassergefäß und Schwämmchen
- feuchtes Tuch und Plastiktüte zum Verpacken des restlichen Tons

1 Bereite den Ton wie auf Seite 77 beschrieben vor und rolle ihn auf der Spanplatte etwa 10 cm dick aus.

2 Steche pro Häuschen zwei verschieden große Kreise mithilfe von Ausstechformen oder Gläsern aus – das wird der Boden des Windlichtes.

3 Alle Tonteile, die bei diesem Projekt miteinander verbunden werden sollen, müssen mit dem kratzigen Pinsel aufgeraut und angefeuchtet werden. Die so vorbereiteten Bereiche aneinanderdrücken – fertig! Auf diese Weise den kleinen Kreis mittig auf den größeren „kleben". So entsteht eine Kante, an der sich die Seitenwand prima aufstellen lässt. Miss den Umfang des kleinen Bodenkreises. Du kannst ihn entweder mit dem Maßband abmessen oder mit einer einfachen Schnur abnehmen.

4 Rolle die Tonplatte etwas dünner, ca. 6 mm stark aus. Je eine Leiste links und rechts hilft, dass die Tonplatte gleichmäßig dick wird. Mit dem Skalpell schneidest du nun ein lang gezogenes Rechteck aus – der zuvor abgemessene Kreisumfang ist das Maß für die lange Seite. Die kurze Seite richtet sich nach der gewünschten Höhe des Windlichts. Über beide kurzen Seiten des Tonrechtecks mit dem Nudelholz rollen, sodass diese flach auslaufen.

5 Ton 10–15 min antrocknen lassen. Fenster und Türen hineinstanzen oder mit dem Skalpell einschneiden. Auf Wunsch Stempel, Borten o. Ä. als Zierkante in den Ton drücken. Du kannst auch mit dem Skalpell, einem Pinselstiel oder was dir gerade geeignet erscheint, Muster hineinprägen. Wie oben beschrieben die Seitenwand mit dem kleineren Bodenkreis und die Überlappungsstellen der Seitenwand verbinden.

6 Nun kommt das Dach an die Reihe. Es bleibt später lose, sodass man es abheben und ein Teelicht in den Pilz setzen kann. Schneide einen Kreis, z. B. mithilfe eines Kuchentellers, aus der Tonplatte und anschließend ein Segment aus dem Kreis heraus. Die Größe des weggeschnittenen Segments bestimmt die spätere Dachneigung. Du kannst den Kreis maximal halbieren. Die Seiten wieder leicht abflachen, die Nahtstellen wie oben beschrieben vorbereiten, übereinanderlegen und glatt streichen. Auf Wunsch den unteren Rand noch etwas auswellen oder mit einer Bogenkante versehen.

7 Dach über Nacht antrocknen lassen, bis es sich wie Leder anfühlt. Dann mit dem Trinkhalm Löcher oder mithilfe von Ausstanzern Sterne ausstanzen, dabei von innen mit den Fingern gegenhalten.

8 Die Tonteile bei 900°C brennen lassen (siehe Seite 130). Danach mit Glasur Details aufmalen bzw. das Dach rot anmalen und erneut bei 1040°C brennen lassen.

Mein Tipp

Wer keine Mini-Quadrate als Ausstechförmchen für die Fenster hat, kann sich eines aus dem Alu-Förmchen eines Teelichts machen: einfach einen Streifen Alu aus dem Rand herausschneiden, die Form mithilfe eines Lineals zurechtbiegen und mit Alleskleber zu einem Rechteck schließen.

Eine Stadt aus Bauklötzen

Hier kannst du Bauklötze staunen! Was aussieht wie eine Riesen-Stadtansicht sind in Wirklichkeit selbst gemachte Bauklötze, die immer wieder neue Häuser entstehen lassen. Aus Resthölzern, alten Palisaden und übrig gebliebenen Balkenabschnitten haben vor allem meine Kinder die schönsten Klötze designt.

Das brauchst du

Für die Klötze

- verschiedene Holzreste: Abschnitte von Balken und Pfosten (am besten mit 5–10 cm ⌀), Palisaden, Brettchen etc. (in der Zuschnitt-Abteilung des Baumarkts nach Restholz fragen)
- Acrylfarbe in vielen Farben
- Acrylstifte
- speichelechter Klarlack zum Versiegeln, falls kleine Kinder mitbasteln oder -spielen
- verschiedene Pinsel
- Bleistift
- Geodreieck
- Schleifpapier, 120iger Körnung
- Kreissäge, bei kleiner dimensionierten Klötzen genügt auch eine gute Handsäge
- evtl. Gehrungslehre

Für den Fototransfer

- Kopien oder Laserdrucke von Fotos in passender Größe
- Transferlack
- Pinsel
- Putzschwämmchen

1 Schaue dir das Holz einmal genau an: Was kann daraus werden? Viele Reststücke haben schon eine Form, die sich gut nutzen lässt: Palisadenabschnitte geben mit der angespitzten Seite ein prima Hausdach ab, Brennholzscheite werden zu einem runden Haus. Schneide die Holzreste in Klötzchen. Bleistiftmarkierungen helfen dabei. Vergiss auch dreieckige Formen nicht, diese lassen sich gut als Dach verwenden 45°-Winkel lassen sich mithilfe einer Gehrungslehre oder eines Geodreiecks anzeichnen.

2 Die Häuschenteile mit Acrylfarbe grundieren und nach dem Trocknen nach Lust und Laune bemalen. Details gelingen mit Acrylstiften gut.

3 Als Überraschung kannst du aus einigen Fenstern deine Lieben herausblicken lassen. Dazu muss der Untergrund, also z. B. die Fensterscheibe der Bauklötze, zuvor weiß angemalt sein. Nur so erkennt man die Bilder später gut. Drucke Fotos deiner Familienangehörigen mit einem Laserdrucker aus (Tintenstrahldrucke funktionieren leider nicht) oder kopiere die Fotos im Copyshop. Bestreiche sowohl die getrocknete Acrylfarbe als auch die Vorderseite des Fotos mit dem Transferlack. Lege das Bild mit der bestrichenen Seite auf den bestrichenen Klotz. 10 Minuten trocknen lassen, dann das Papier mit einem angefeuchteten Schwämmchen vorsichtig abreiben. Die Druckfarbe hat sich zwischenzeitlich im Transferlack gelöst und haftet nun auf dem Holzklotz.

4 Kommen kleine Kinder mit den Bauklötzen in Berührung, überstreiche umbedingt alles zum Schluss komplett mit speichelechtem Klarlack. Trocknen lassen.

Christbaum-Anhänger aus Ton

Zugegeben, wenn man keinen eigenen Brennofen hat und z.B. zweimal zur Volkshochschule laufen muss, um Tonschmuck zu brennen, ist das sehr aufwendig. Abgesehen davon ist die Technik super einfach – ein bisschen wie Plätzchenbacken. Und das Ergebnis entschädigt den Aufwand, du bekommst Weihnachtsschmuck und Anhänger, die ansonsten niemand hat.

1 Schneide dir mit dem Draht eine Scheibe Ton ab. Den Rest wickelst du in ein angefeuchtetes Tuch und verstaust ihn dann in einer Plastiktüte, so kann er nicht austrocknen und bleibt nutzbar. Knete die Scheibe Ton kräftig durch – am besten auf einer Spanplatte.

2 Rolle den Ton mit dem Nudelholz auf der Spanplatte etwa 3–5 mm stark aus. Mit den Ausstechern kannst du nun Kreise und Sterne ausstechen.

3 Drücke Stempel zur Verzierung hinein. Bei runden Stempeln bietet es sich an, deren Größe auch als Durchmesser beim Ausstechen zu wählen. So werden die Ränder gleich beim Stempeln abgeflacht und die „Tontaler" bekommen eine schöne Form. Alle anderen Modelle am Rand mit einem angefeuchteten Finger glattstreichen und etwas abflachen. Wie du selbst Stempel herstellen kannst, zeige ich dir auf Seite 44.

4 Mit dem Strohhalm jeweils ein Loch zum Aufhängen hineinstechen, Anhänger über Nacht auf der Spanplatte trocknen lassen.

5 Nun werden die Anhänger das erste Mal gebrannt. Erkundige dich, wer den sogenannten Schrühbrand (bei ca. 900°C) – und später auch den Glasurbrand (bei ca. 1040°C) – übernehmen könnte. Die Volkshochschule, ortsansässige Keramiker und Bastelgeschäfte sind gute Ansprechpartner. Und keine Angst: Brennen lassen kostet nicht die Welt, dauert aber meist ein paar Tage, bis man seine Stücke wieder abholen kann.

6 Bemale die gebrannten Tonteile nur auf der Vorderseite mit Glasur und/oder Unidekorfarben. Du kannst sie auch kombinieren. Probiere verschiedene Techniken aus, z. B. kannst du Farbe flächig aufpinseln und sie anschließend mit einem feuchten Schwämmchen wieder abwischen, dann bleibt die Farbe nur in den Vertiefungen hängen.

7 Bestreiche die Anhänger auf der Unterseite nicht mit Farbe oder Glasur, wische die Rückseite aber sicherheitshalber mit einem feuchten Schwämmchen sauber, damit die Glasur die Anhänger im Brennofen nicht anbacken lässt. Nun folgt der sogenannte Glasurbrand bei ca. 1040°C.

Das brauchst du

- feiner Aufbauton in Weiß
- Ausstechförmchen in rund und sternförmig
- Stempel, gekauft oder selbst gemacht
- Unidekorfarben und flüssige Fertigglasuren
- Spanplatte als Unterlage
- Nudelholz
- dünner Draht zum Schneiden des Tons
- weicher Borstenpinsel und feiner Pinsel zum Glasieren
- Trinkhalm
- Wassergefäß und Schwämmchen
- feuchtes Tuch und Plastiktüte zum Verpacken des restlichen Tons

Mein Tipp

Nicht wundern: In frischem Zustand sehen die Farben noch nicht so berauschend aus. Erst das zweite Brennen kitzelt die richtige Farbwirkung heraus, die Töne werden intensiver. Übrigens ergeben zwei übereinander aufgetragene Farben ganz neue Farbeffekte – Töpfern ist etwas für Experimentierfreudige!

Weihnachtskarten mit Schal

Es müssen doch nicht immer Weihnachtskarten mit Weihnachtsmann oder Tannenbaum sein, habe ich mir gedacht. Ich wollte mal was ganz anderes! Also habe ich mir diese Karten mit Schal überlegt. Hübsch sehen Tiere aus, denen du das winterliche Accessoire verpasst. Du kannst aber auch deine eigene Familie auf den Karten verewigen.

Das brauchst du

- Blanko-Karten in verschiedenen Farben
- Masking Tape
- Streusterne
- Stempel mit Weihnachtsgruß
- Stempelkissen
- Bleistift
- Klebestift
- Schere

Vorlagen

Seite 132

1 Kopiere entweder meine Vorlage von Seite 132 oder drucke dir ein anderes Motiv, welches du mit einem Schal verzieren willst, am Computer aus. Wer gut im Zeichnen ist, kann natürlich selbst zum Stift greifen.

2 Schneide die Motive aus und klebe sie mit dem Klebestift auf die Karte. Schön die Ränder bestreichen, damit sie sich später nicht ablösen.

3 Nun das Masking Tape in Halshöhe anbringen, als wäre es ein Schal. Die Enden kannst du entweder einfach aufkleben oder etwas ineinander verzwirbeln, sodass sie nicht platt auf dem Papier kleben, sondern dreidimensional abstehen. Auf Wunsch die Karten noch mit aufgeklebten Streusternen und Stempeln verzieren.

Mein Tipp

Mit Masking Tape und aufgeklebten Streuteilen lassen sich auch aus gekauften Karten, die etwas langweilig geraten sind, ganz schnell individuelle Weihnachtsgrüße machen. Ein bisschen Glitzer gefällig? Mit einer dünnen Schicht Kleber und aufgestreutem Glitzerpulver bekommen gekaufte Karten das gewisse Extra.

Kuschel-Schneemänner aus Socken

Es finden sich immer wieder einzelne Socken in meinem Haushalt. Lange habe ich sie aufbewahrt in der Hoffnung, der verschwundene Partner würde sich wieder auffinden. Basta – jetzt bekommen die Strumpf-Singles eine neue Aufgabe!

1 Beginne mit der weißen Socke: Das Teil von den Zehen bis zur Ferse wird als Schneemann verwendet. Aus dem übrigen Teil schneidest du, wie in der Illustration gezeigt, zwei Arme zurecht. Der Rest wird nicht gebraucht und kann schon mal als Füllmaterial benutzt werden.

2 Jetzt den Schneemann ausstopfen: zuerst fest mit Kissenfüllmaterial und dem Rest der Socke, dann im unteren Teil – der, der nachher die untere Kugel bildet – mit Kirschkernen. So kann der Schneemann später gut stehen. Die Socke unten zunähen und in der Mitte so abbinden, dass entweder zwei, besser drei Kugeln entstehen – die typische Schneemannform ist fertig! Auf Wunsch Knöpfe an den Körper kleben oder nähen.

3 Die Zuschnitte für die Arme zu zwei Röllchen zusammennähen und an den Schneemannkörper nähen. Füllmaterial ist hier nicht nötig. Mein Tipp: Falls du einen weißen Handschuh übrig hast, kannst du ihm zwei Finger abschneiden und aus diesen die Ärmchen machen. Dann hast du die perfekte Form bereits fertig und brauchst die Arme nicht in Form nähen.

4 Aus der gemusterten Socke werden Mütze und Schal. Dafür zunächst die Socke halbieren, d.h. ober- und unterhalb der Ferse abschneiden (Ferse wird nicht gebraucht). Für den Mützenbommel den abgeschnittenen Rand des oberen Sockenteils einschneiden, und zwar in etwa 0,5 cm breite und 1,5 cm lange Streifen. Dann unterhalb der Einschnitte mit einem Stück Garn zusammenbinden – die Mütze ist geschafft! Aus dem Rest der gemusterten Socke einen Streifen für den Schal schneiden, die Schalenden ebenfalls einschneiden. Dem Schneemann schon mal Mütze und Schal anziehen, damit du siehst, wo das Gesicht hinkommt.

5 Das Gesicht und die Verzierungen können aufgenäht oder ganz einfach mit Textilkleber angeklebt werden. Wenn der Schneemann für kleine Kinder gemacht wird, ist Nähen jedoch am sichersten. Als Nase entweder einen fertig gekauften orangefarbenen Bommel oder eine Karottenform aus Filz anbringen. Für die Karottennase einen Filzkreis von etwa 6 cm Durchmesser in der Mitte durchschneiden, den Halbkreis auf der Oberseite komplett mit Textilkleber bestreichen und so zusammenrollen, dass eine Schultütenform entsteht. Bis der Kleber getrocknet ist, die Nase einige Minuten mit einer Stecknadel zusammenhalten. Die Nase auf der Rückseite bei Bedarf nochmal mit der Schere gerade schneiden, dann in die Mitte des Gesichts kleben oder nähen.

6 Wackelaugen oder schwarze Knöpfe als Augen, für den Mund entweder ein Stückchen schwarzes Garn oder kleine Filzstückchen aufkleben oder annähen.

Das brauchst du

- weiße Sport- oder Flauschsocke
- gemusterte Socke
- orangefarbene Bommel oder Filzrest
- Wackelaugen
- Knöpfe
- Garn oder Filzrest in Schwarz
- stabiles Garn in Weiß
- Füllmaterial aus einem Kissen oder Füllwatte
- Kirschkerne
- evtl. Textilkleber
- Nadel
- Stecknadel
- Schere

Krippe in der Streichholzschachtel

Zur Weihnachtszeit werden an vielen Orten Krippen aufgebaut – besondere Beachtung finden dabei riesige Exemplare mit lebensgroßen Figuren. Ich wollte einmal etwas anderes ausprobieren und Jesus, Maria und Josef eine Herberge im Miniaturformat basteln. Die nur 2 cm großen Figuren finden nun ihr Nachtlager in einer Streichholzschachtel.

Das brauchst du

- Streichholzschachtel
- Miniatur-Krippenfiguren
- klein gemustertes Papier oder Masking Tape
- großer Streustern
- Goldpapier oder metallisch glänzende Eiskonfekt-Verpackung
- Zackenlitze oder Geschenkband
- Alleskleber
- Bleistift
- Geodreieck
- kleine Schere oder Cutter

1 Du brauchst zunächst nur das Innenteil, in dem die Streichhölzer lagen. Lege es quer vor dich hin, sodass die Schachtel nach oben offen ist. Schneide zuerst das oben liegende lange Seitenteil weg. Ermittle mit Hilfe des Geodreiecks die Mitte des Schachtelbodens – das wird später die Rückwand der Krippe. Ziehe von dort aus jeweils eine Linie nach schräg links und schräg rechts unten, sodass eine Dachform entsteht. Entlang der Linien schneiden. Die beiden kurzen Seitenteile auf Höhe des Dachabschlusses gerade abschneiden.

2 Die fast fertige Krippe mit buntem Masking Tape oder Papier und Alleskleber bekleben.

3 Nun brauchst du die sogenannte Hülse, also das Drumherum, in das man das eben verbastelte Schächtelchen früher hineinschob. Für das Dach benötigst du nur das lange Seitenteil mit der Reibefläche. Dieses Teil einmal mittig falten und mit Masking Tape an der Innenseite dekorativ bekleben und dabei gleichzeitig mit der bereits vorbereiteten Schachtel verbinden. Die Reibefläche ist nun außen zu sehen und erinnert an Dachsteine.

4 An den Dachgiebel Zackenlitze o. Ä. mit Alleskleber ankleben. Einen Streustern unter die Dachspitze kleben. Falls bei deinen Krippenfiguren auch ein Stern dabei ist, diesen noch darüber fixieren.

6 Die Krippenfiguren zur Probe platzieren. Die Hälfte eines Sterns oder einer Rosette aus goldfarbenem Papier hinter das Jesuskind auf die Krippenrückseite kleben und es so in Szene setzen. Schön sieht auch ein Kreis aus einem auseinandergebogenen Eiskonfektförmchen aus. Du kannst auch zwei Sterne übereinanderkleben.

7 Die Figuren mit Alleskleber fixieren.

Mein Tipp

Für meine Landschaft in der Tasse brauchst du nur ein passendes Stück Steckschaum, etwas Moos, kleine Zweige, ein Teelicht und etwas Deko aus dem Weihnachtsfundus. Und noch ein Tipp: Die Figuren sind auch mit 4 cm Höhe erhältlich. Für diese kannst du große Streichholzschachteln verwenden. Aber der wahre Reiz dieser Bastelei liegt eigentlich in der Winzigkeit.

Geschenkglas oder Windlicht

Welch ein schönes Geschenk! Zuerst ist das Glas eine hübsche Verpackungsidee für selbst gemachte Karamellbonbons oder andere süße Präsente. Nachdem der Beschenkte alles leer genascht hat, kann er das Glas als Windlicht nutzen.

Das brauchst du

- leeres Schraubglas, z. B. Marmeladen-, Joghurt- oder Gurkenglas
- Tafelfarbe für Glas in Schwarz
- Farbe für Glas in matten Pastelltönen
- breites Malerkrepp
- weicher Borstenpinsel
- Backpapier
- Schere
- Stift
- Kreidestift

Vorlagen

Seite 143

1 Zuerst das „Fenster" vorbereiten: Ich habe mich für Herzen und Sterne als „Guckloch" entschieden. Zeichne die gewünschte Form auf Backpapier und überklebe sie mit Malerkreppstreifen. Herz oder Stern ausschneiden, vom Backpapier abziehen und von außen auf das Glas kleben. Drücke die Ränder sorgfältig an, damit keine Farbe darunter läuft.

2 Nun das Glas von außen mit der Pastell-Farbe grundieren und trocknen lassen. Der Deckel braucht nicht grundiert werden. Durch diese helle Schicht leuchtet das Glas im Inneren richtig toll, wenn man es als Windlicht verwendet.

3 Pinsele anschließend eine Schicht Tafelfarbe auf, auch auf den Deckel.

4 Nun die Malerkreppform lösen. Damit der Farbrand glatt bleibt und nicht ausreißt, solltest du die Stern- oder Herzkontur zuvor mit einem Cutter umfahren. Das Kreppband muss unbedingt vor dem Einbrennen der Farbe abgezogen werden.

5 Farbe auf Glas und Deckel nach Herstellerangaben im Backofen fixieren.

6 Zum Schluss kannst du ganz nach Lust und Laune Muster mit dem Kreidestift aufs Glas oder den Deckel malen. Mit einem Band drumherum und Süßigkeiten im Inneren ist es erst ein süßes Geschenk, später – mit einem Teelicht im Inneren und ohne Deckel – ein nostalgisch anmutendes Windlicht.

Mein Tipp

Ob Muster, persönlicher Gruß oder der Name des Beschenkten – mit einem Kreidestift lässt sich viel leichter und sauberer zeichnen und schreiben als mit dem klassischen Stück Kreide. Wer die Verzierung gar nicht abwischen, sondern dauerhaft haben möchte, kann auch mit einem weißen permanenten Lackstift arbeiten.

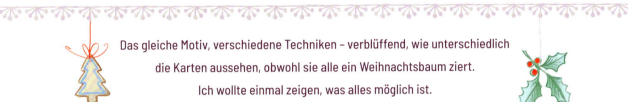

Ein Weihnachtsbaum – neun Karten

Das gleiche Motiv, verschiedene Techniken – verblüffend, wie unterschiedlich die Karten aussehen, obwohl sie alle ein Weihnachtsbaum ziert. Ich wollte einmal zeigen, was alles möglich ist. Lass dich inspirieren und kreiere deine eigene Weihnachtspost!

1 Für den gesprühten Baum legst du die obere Spitze eines Farnwedels auf die Karte und hältst ihn mit den Fingern (in Einweghandschuhen) fest, während du Farbe darübersprühst. Du kannst den Farn auch mit ablösbarem Sprühkleber auf der Karte fixieren, solange du sprühst. Dann kann keine Farbe unter den Wedel laufen. Klebe nach dem Trocknen einen Streustern als Baumspitze auf.

2 Für den Baum aus Borten klebst du unterschiedlich lange Bänder- und Bortenstücke auf eine Karte. Die unteren Streifen sind etwas länger, nach oben hin werden die Bänder immer kürzer. So entsteht die typische, fast dreieckige Baumform. Als Spitze einen Streustern aufkleben.

3 Schneide aus Tortenspitze ein Kreissegment heraus und lege es auf eine Karte. Ein senkrechter Streifen Masking Tape fixiert die Tortenspitze und deutet gleichzeitig den Stamm an. Die Baumspitze mit einem angeklebten Streuteil, den Hintergrund mit Stempeln verzieren.

4 Bei der Karte mit dem weißen Baum beginnst du mit dem Hintergrund: Male Muster mit verschiedenen Wasserfarben auf die Karte. Schneide dann einen Weihnachtsbaum aus Papier aus, auf Wunsch mithilfe der Vorlage von Seite 134, und klebe ihn auf.

5 Für den Goldglitzerbaum zeichne die Vorlage von Seite 134 ab oder male eine eigene Baumform auf Papier. Schneide den Baum aus – so erhältst du eine Schablone. Übertrage den Baum auf doppelseitige Klebefolie und schneide ihn vor dem Abziehen der Schutzfolien aus. Den Schutz auf einer Seite abziehen und Folie auf die Karte kleben. Dann die andere Schutzfolie ebenfalls abziehen und zuerst die größeren Streuteile aufkleben. Zum Schluss die Fläche mit Glitzerpulver bestreuen, Reste abschütteln.

6 Bei der Wachskratztechnik nimmst du zuerst verschiedene bunte Wachsfarben zur Hand: Bemale die Karte z. B. in horizontalen Streifen oder bunten Farbflächen. Danach mit schwarzer Wachsfarbe darübermalen, bis die ganze Karte schwarz ist. Anschließend kratzt du mit einem spitzen Gegenstand eine Baumform sowie Muster in die schwarze Fläche, sodass die bunten Farben wieder zum Vorschein kommen.

7 Für den Bleistiftbaum mit Glitzerschnee malst du mit Bleistift einen Baum auf die Karte. Als Akzent tupfst du Kleber auf die Äste, streust etwas Glitzerpulver darauf und schüttelst den Rest ab.

8 Stempele einen Baum und „Frohe Weihnachten" auf die Karte. Du kannst gekaufte Stempel nehmen oder selbst einen Weihnachtsbaumstempel herstellen und einen Weihnachtsgruß darunterschreiben. Wie das Schnitzen eigener Stempel geht, kannst du auf Seite 44 nachschlagen, die Baum-Vorlage gibt es auf Seite 139. Den Baum zum Schluss mit aufgeklebten Streusternen schmücken.

9 Einfach mal blaumachen! Pinsele die Vorderseite der Karte vollflächig mit blauer Tinte an. Wer ein helleres Blau bevorzugt, kann die Tinte zuvor mit etwas Wasser verdünnen. Nimm einen neuen, saftigen Tintenkiller und male einen Baum darauf.

Weihnachtsüberraschung in der Kiste

Solch eine individuelle Weihnachtswelt zu bauen, ist besonders für Kinder eine spannende Sache. Meine neunjährige Nichte Kübra wollte Verwandten, die sie zu Weihnachten nicht besuchen konnte, eine Freude machen und zeigen, wie es bei ihrer Tante Bine zur Weihnachtszeit so ausschaut.

Das brauchst du

- stabiler Karton, z. B. Schuhschachtel
- Kopien von Familienfotos oder anderen Motiven
- allerlei Dekorationsmaterial, z. B. Zweige, Zapfen, Steine, Moos, Kunststoff-Fliegenpilze, Streusterne, aus Papier ausgestanzte Sterne, Schnur für Minigirlanden, Masking Tape …
- batteriebetriebene Mini-LED-Lichterkette
- Pappe
- verschiedene hübsche Papiere
- Watte oder Volumenvlies (aus dem Nähbedarf)
- Acrylfarbe in verschiedenen Farben
- evtl. Stifte
- Klebeband
- Bastelkleber
- Niedrigtemperatur-Heißklebepistole
- Pinsel
- Schere

1 Zuerst den Karton innen grundieren. Meine Nichte wollte ihn blau haben. Nach dem Trocknen haben wir weiße Pünktchen reingetupft, die wie Schneeflocken aussehen sollten. Erneut trocknen lassen.

2 So entsteht die Weihnachtswelt: Stelle deine Kiste so auf, dass der aufgeklappte Deckel unten auf dem Tisch aufliegt und man ins Innere des Kartons schauen kann. Statte sie nach Lust und Laune mit hübschen Dingen aus. Weihnachtsbäume aus Tannengrün, Sträucher aus Zapfen – sie alle bekommen mit weißer Acrylfarbe einen Hauch Schnee auf ihre Zweige. Lustig sind auch Figuren: Ich habe ein Porträtfoto meiner Nichte kopiert und auf einen Körper aus Pappe geklebt. Diesen haben wir dann gemeinsam mit buntem Papier und einem Schal aus Masking Tape „angezogen". Beim Bekleben der Papp-Aufstellfiguren kannst du Bastelkleber nehmen, die schwereren Sachen besser mit Heißkleber fixieren. Aus Volumenvlies oder Watte entsteht die großzügige Schneelandschaft. Sei erfinderisch, du wirst überrascht sein, was man alles als Deko verwenden kann.

3 Zum Schluss die Mini-Lichterkette mit Klebeband festkleben.

Mein Tipp

Diese Kiste ist auch ein ganz tolles Überraschungsgeschenk. Wenn du die Deckel-Innenseite kaum oder gar nicht beklebst, lässt sich der Karton immer noch schließen. Von außen deutet dann nichts auf die bunte Weihnachtswelt hin – erst beim Öffnen wird der Beschenkte große Augen machen!

Kegelspiel aus Socken

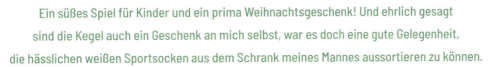

Ein süßes Spiel für Kinder und ein prima Weihnachtsgeschenk! Und ehrlich gesagt sind die Kegel auch ein Geschenk an mich selbst, war es doch eine gute Gelegenheit, die hässlichen weißen Sportsocken aus dem Schrank meines Mannes aussortieren zu können.

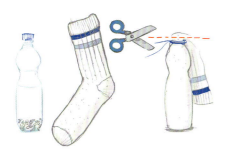

1 Die Flaschen müssen innen ganz trocken sein. Fülle sie ungefähr 1–2 cm hoch mit Reis, so stehen sie besser. Flaschen zuschrauben.

2 Stecke jede Flasche in eine weiße Socke, ziehe sie straff und binde sie mit Garn direkt am Flaschenhals gut fest. Schneide das obere überflüssige Teil der Socke ab.

3 Für eine Mütze halbierst du eine bunte Socke, indem du einen Schnitt ober- und unterhalb der Ferse machst (Ferse wird nicht gebraucht). Für den Mützenbommel schneidest du nun an der Schnittkante des oberen Sockenteils etwa 0,5 cm breite Streifen 1,5 cm tief ein; der Rest bleibt ganz. Dann den in Streifen geschnittenen Bommel mit Garn abbinden – fertig ist die Mütze! Aus dem Rest der bunten Socke einen schmalen Streifen für einen Schal oder einen breiteren Streifen für einen Pulli zuschneiden. Mütze, Schal und Pulli schon mal den Socken-Schneemännern „anziehen", damit du besser siehst, wo das Gesicht hinkommt.

4 Als Nase entweder einen Bommel aufkleben oder eine Karottenform aus Filz oder Fleece anfertigen. Bis der Kleber getrocknet ist, die Nase einige Minuten mit einer Stecknadel zusammenhalten. Nach dem Trocknen auf der Rückseite eventuell nochmal mit der Schere gerade abschneiden, dann die Nase in die Mitte des Gesichts kleben.

5 Als Augen entweder Wackelaugen oder schwarze Knöpfe aufkleben. Den Mund mit schwarzem Garn aufsticken oder kleine Filzstückchen aufkleben. Auf Wunsch Knöpfe oder weitere Schmuckstücke an die Schneemänner nähen.

6 Als Kugel zum Kegeln einen Tennisball zweimal mit weißer Acrylfarbe streichen, dazwischen gut trocknen lassen. Beim Streichen kannst du ihn am besten mit einem Einweghandschuh halten und ihn dann auf einer Unterlage auf der Heizung trocknen lassen.

Das brauchst du

- 6 weiße Socken, z. B. Sportsocken
- 6 verschieden gemusterte Socken
- 6 leere 0,5-Liter-Mineralwasserflaschen aus Plastik
- Acrylfarbe in Weiß
- Bommel oder Reste von Filz bzw. Fleecestoff in Orange
- Wackelaugen
- Knöpfe
- Garn oder Filzrest in Schwarz
- stabiles Garn in Weiß
- Reis
- Tennisball
- Textilkleber
- Pinsel
- Nadel
- Stecknadel
- Schere
- Einweghandschuh

In der Weihnachtsbäckerei

Ich glaube, dieser Kaufmannsladen ist mein Meisterwerk! Ehrlich gesagt, hätte ich ihn selbst gern als Kind geschenkt bekommen. Irgendwie war er letztlich auch ein Geschenk an mich selbst, denn das Bauen hat super Spaß gemacht! Natürlich war es viel Arbeit, aber ich hoffe, er wird nun auch mehrere Generationen lang in Ehren gehalten. Damit die Vorarbeiten nicht allzu sehr ausufern, habe ich übrigens überwiegend Bretter in Standardbreiten verwendet.

Das brauchst du für den Kaufmannsladen

Bitte beachte den Bauplan unten rechts. Die Maße beziehen sich immer auf Länge × Breite.

MDF-Platten:

- *a* und *b* (geschwungene Seitenteile von Kommode und Tresen): 4 Stück (je 2 Stück *a* und *b*) 60 cm × 30 cm, 18 mm stark
- *c* (Ornamentblende am Aufsatz und vordere Zierkante am Tresen, beide Teile werden aus einer MDF-Platte ausgesägt): 1 Stück 110 cm × 50 cm, 10 mm stark
- *p* (Ornamentbrett über den Schubladenelementen im Aufsatz): 1 Stück 32 cm × 20 cm, 10 mm stark
- *q* (Ornamentbrett unter den Schubladenelementen im Aufsatz): 1 Stück 35,6 cm × 20 cm, 19 mm stark

Fichtenholzbretter, 18 mm stark (in Standardbreiten von 20 cm bzw. 25 cm erhältlich):

- *e* (oberer Abschluss Kommode): 1 Stück 110 cm × 20 cm
- *f* (Arbeitsplatte Tresen): 1 Stück 110 cm × 25 cm
- *g*, *h* und *i* (Regalböden in Kommode und Tresen): 1 Stück 100 cm × 15 cm (*g*), 3 Stück 100 cm × 20 cm (*h*), 2 Stück 100 cm × 25 cm (*i*)
- Steg zum Verbinden von Kommode und Tresen: 2 Stück 60 cm × 13 cm

Holz-Zaunlatten, 18 mm stark (in Standardbreiten von 9 cm bzw. 13 cm erhältlich):

- *k* (Seitenwände der äußeren Regale im Aufsatz): 4 Stück 45 cm × 13 cm
- *l* (oberer und unterer Abschluss der äußeren Regale im Aufsatz): 4 Stück 29 cm × 13 cm
- *m* (Regalböden der äußeren Regale im Aufsatz): 6 Stück 25,4 cm × 9 cm
- *n* (Seitenwände des mittleren Regals im Aufsatz): 2 Stück 50 cm × 13 cm
- *o* (oberer Abschluss des mittleren Regals im Aufsatz): 1 Stück 35,6 cm × 13 cm
- *r* (Regalboden des mittleren Regals im Aufsatz): 1 Stück 32 cm × 9 cm
- *t* (Blenden unten an Tresen und Kommode): 2 Stück 100 cm × 5 cm
- lange schmale Leiste (gleiches Material wie *t*): 1 Stück 70 cm × 5 cm

Leisten:

- *d* (gestreifte Zierleisten am Aufsatz): 4 Stück Fußbodenleisten 37 cm × 4 cm, 5 mm stark
- Zierleiste als Stopper des schrägen Regalbretts (*g*) im Tresen: 1 Stück geschwungene Fußbodenleiste o. Ä. 100 cm lang

Fichtensperrholz, 4 mm stark:

- *u* (Rückwand Aufsatz): 93 cm × 51 cm
- *v* (Rückwand Kommode): 103 cm × 61 cm

Fortsetzung Materialliste Seite 94

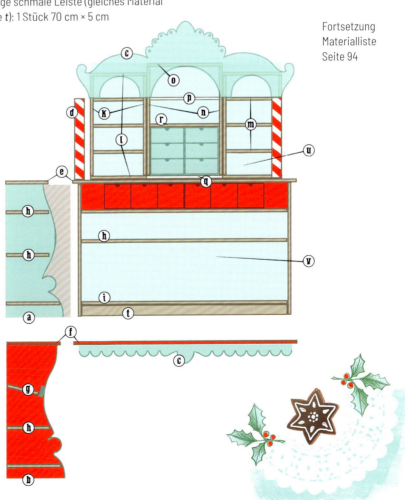

Außerdem:

- 2 hohe Schubladenelemente mit je 3 Schubladen, 16 cm × 14,5 cm × 21 cm (z.B. von Rayher)
- 2 breite Schubladenelemente mit je 3 Schubladen, 37,5 cm × 13 cm × 11,5 cm (z.B. von Rayher, bei Elementen mit anderen Maßen müsste der Bauplan angepasst werden!)
- Acrylfarben, z. B. in eisigem Mintgrün und Türkistönen, Rot und Weiß
- matter, speichelechter Klarlack
- kleine Lackierrolle
- weicher, breiter Flächpinsel
- Malerkrepp-Klebeband, 3 cm breit
- Universalschrauben mit Schaft, 3,5 cm × 35 mm
- kleine Nägel für die Rückwand, Zierleisten und -bretter
- Holzleim
- Schleifpapier, 120iger Körnung
- Schleifklotz
- Meterstab
- Geodreieck
- Bleistift
- Hammer
- Akkuschrauber/-bohrer
- Stichsäge

Für die Verzierungen

- fertige Schilder oder Etiketten bzw. farbiger Karton
- Holztabletts, Gläschen etc.
- Acrylfarbe in verschiedenen Farbtönen
- Lichterketten
- künstliche Buchs-Girlanden oder ähnliche Dekorationen
- Klett-Klebepunkte
- Laminiergerät
- Laminierfolie
- verschiedene Pinsel
- Schere

1 Der Kaufmannsladen besteht aus einem halbhohen Tresen und einem schrankähnlichen großen Teil. Letzteres ist noch einmal geteilt in Kommode (der untere breite Teil) und Aufsatz (der obere schmalere Teil). Lass dir alle Bretter, Leisten, Platten und Co. im Baumarkt passend zusägen. Am besten direkt im Baumarkt immer gleich den Buchstaben mit Bleistift auf den jeweiligen Zuschnitt schreiben. Das hilft, zu Hause die Übersicht zu behalten. Und dann keine Panik: Immer ein Schritt nach dem anderen! Im Grunde besteht der Kaufmannsladen aus mehreren einzelnen Regalen, die zum Schluss verschraubt und mit Schmuckblenden verschönert werden.

2 Zu Hause angekommen zuerst alle Holzteile ordnen. Ein paar Bemerkungen vorab: Sämtliche Sägekanten, egal ob eigenhändig zugeschnitten oder vom Zuschnitt im Baumarkt, solltest du mit Schleifpapier und -klotz glattschleifen. Die Positionen für Schraublöcher sowie Zierlöcher immer gut ausmessen, anzeichnen und vorbohren, damit nichts ausreißt oder du beim Schrauben verrutscht. Raue Bohrlöcher, besonders wenn sie zur Zierde sind, mit Schleifpapier glätten.

3 Vergrößere alle Vorlagen von Seite 143. Wahrscheinlich musst du die Kopien stückeln und zusammenkleben, das macht aber nichts. Schneide sie aus, damit sie als Schablone genutzt werden können. Für symmetrische Vorlagen genügt es, eine Hälfte abzuzeichnen. Du kannst die Vorlage beim Übertragen auf das Holz an der senkrechten Achse in der Mitte spiegeln.

4 Die Vorlagen der beiden geschwungenen Seitenteile je zweimal auf die MDF-Platten *a* und *b* übertragen. Alles mit der Stichsäge aussägen.

5 Bis auf die MDF-Platte *c* streichst du nun alle Teile, auch die fertig gekauften Schablonenelemente, mit Acrylfarbe und Lackrolle. Orientiere dich bei der Farbwahl, wenn du möchtest, an meinem Kaufmannsladen. Trocknen lassen. Für den Nostalgie-Effekt kannst du die Kanten teilweise mit Schleifpapier wieder anschleifen. Ich würde ebenfalls alle Farbflächen noch einmal leicht überschleifen, damit sie schön glatt werden und sich seidig angenehm anfühlen. Auf Wunsch ist auch ein zweiter Farbauftrag möglich. Die hübschen Streifen an den Zierleisten *d* gelingen, wenn du sie zunächst weiß lackierst und nach dem Trocknen Malerkrepp spiralförmig um die Leisten klebst. Die Zwischenräume rot streichen, trocknen lassen und Krepp vorsichtig abziehen.

6 Nun baust du die einzelnen Regale laut dem Bauplan zusammen – alle Teile werden mit Universalschrauben zusammengeschraubt. Die Kommode und der Tresen bestehen aus je einem Regal. Sie werden von unten nach oben zusammengesetzt. Die Seitenteile *a* und *b* jeweils an ihrer unteren Vorderkante durch eine Leiste verbinden, diese dann mit der Leiste *t* verblenden. Sie stabilisieren schon einmal die ganze Konstruktion. Dann kommt der unterste Regalboden genau darüber. Die restlichen Böden und zum Schluss die oberen Abschlussbretter *e* bzw. *f* anschrauben. Den obersten Regalboden *g* des Tresens habe ich schräg eingesetzt und mit einer Blende abgeschlossen – wie eine Auslage im Tante-Emma-Laden. Die Schubladenelemente ebenfalls laut Bauplan einsetzen.

7 Der Aufsatz besteht, wenn du ganz genau hinschaust, aus drei Regalen. Baue zunächst jedes einzeln: die beiden äußeren Regale jeweils aus den Zuschnitten *k*, *l* und *m*; das mittlere Regal aus den Teilen *n*, *o*, *p*, *q* und *r*. Anschließend die drei Einzelregale des Aufsatzes zusammenschrauben. Die Übergänge werden durch die gestreiften Zierleisten *d* kaschiert – sie werden zuerst mit Holzleim angeklebt und dann angenagelt.

8 Nun die hochkopierte Vorlage der Ornamentblende an den fertigen Aufsatz halten und prüfen, ob die Größe genau passt. Gegebenenfalls die Vorlage noch etwas vergrößern oder verkleinern. Dann die Aufsatz-Ornamentblende sowie die Zierkante für den Tresen auf die MDF-Platte *c* übertragen, aussägen und die Zierlöcher hineinbohren. Diese letzten Bauteile ebenfalls mit Acrylfarbe streichen und trocknen lassen.

9 Die Rückwände *u* und *v* an den Aufsatz bzw. an die Kommode nageln. Aufsatz und Kommode mit ein paar wenigen Schrauben verbinden. Wenn du diese später löst, kann der Kaufmannsladen so auch zur Not auseinandergenommen und verstaut werden.

10 Ein Steg aus Fichtenholz verbindet die Theke mit der Kommode, er hält alles stabil und sorgt für ein Raumgefühl im Kaufmannsladen. Der Steg besteht aus zwei Brettern: Das untere Hilfsbrett ist schmaler, aber länger, das heißt, es steht an den kurzen Seiten über das andere Brett hinaus. Die Bretter ausgehend von der Seite des Hilfsbretts zusammenschrauben. Die Bretterkonstruktion so drehen, dass das breite kürzere Brett oben, das längere Hilfsbrett unten liegt. Die überstehenden Enden des Hilfsbretts unter Kommoden- und Thekenarbeitsplatte schieben, sodass man sie nicht mehr sieht, und von oben verschrauben.

11 Zum Schluss den Kaufladen einräumen: mit selbst bemalten Holztabletts, allerlei Gläschen und natürlich selbst gebastelten Leckereien (siehe Seite 99). Noch schöner und bunter wird es mit Lichterketten und künstlichen Buchs-Girlanden als Deko.

Ich habe auf Seite 142 verschiedene Schilder vorbereitet. Diese kannst du kopieren, auf Wunsch selbst beschriften, laminieren und ausschneiden. Der Clou sind selbstklebende Klett-Punkte: Die weiche Seite kommt auf Schubladen und Co, die kratzige Seite auf die Schilder-Rückseite. So wird aus der Bäckerei im Nu ein Fischgeschäft, ein Blumenladen, ein Baumarkt …

Weihnachtsleckereien

Aber bitte nicht reinbeißen! Gugelhupf und Plätzchen, Makronen und Muffins sehen zwar zuckersüß aus, sind aber aus Gips und Modelliermasse. Die gesamte Ausstattung der Weihnachtsbäckerei ist selbst gemacht und kann immer wieder durch neue kreative Einfälle ergänzt werden.

Diese lustigen Lebkuchenmänner aus lufttrocknender Modelliermasse sind mit verdünnter Acrylfarbe bemalt. Details werden mit 3D-Effektfarbe aufgetragen. Spielen kleine Kinder mit dem Kaufmannsladen, trage zum Schluss noch eine Schicht speichelechten Klarlack auf.

Die Kekse sind ebenfalls aus lufttrocknender Modelliermasse. Sie lässt sich leicht mit Plätzchenausstechern ausstechen (raue Kanten mit einem Spülschwämmchen glätten) und sind nach dem Trocknen bruchsicherer als richtiger Ton. Die „Marmelade" besteht aus rotem Glitzerkleber.

Für die Gugelhupfe rührst du Gips nach Packungsanweisung an. Die Masse in Silikonformen füllen und kurz auf dem Tisch aufstoßen, damit Luftblasen entweichen können. Mit Gips-Tuffs aus dem Sahnespritzbeutel verzieren. Vor dem Durchhärten rote Mini-Perlen als „Kirschen" eindrücken. Glitzerpulver in Collagenkleber bzw. feuchte Farbe streuen und bemalen.

Das brauchst du

- Gipsgießpulver für die Mini-Marmorkuchen
- lufthärtende Modelliermasse für Plätzchen und anderes Gebäck
- Mini-Silikonformen in Gugelhupf- oder anderen Kuchenformen
- Plätzchen-Ausstechförmchen
- Acrylfarbe
- 3D-Effektfarbe (zum Verzieren der Plätzchen)
- speichelechter Klarlack
- verschiedene Miniperlen
- Glitzerpulver
- Glitzerkleber
- Sahnespritzbeutel
- Collagenkleber
- Pinsel
- Gefäß zum Anmischen von Gips
- Spülschwämmchen

Weitere Ideen

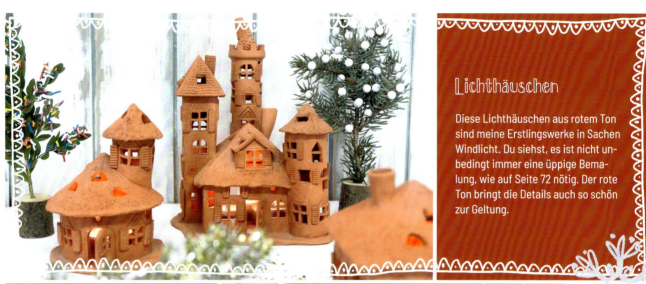

Lichthäuschen

Diese Lichthäuschen aus rotem Ton sind meine Erstlingswerke in Sachen Windlicht. Du siehst, es ist nicht unbedingt immer eine üppige Bemalung, wie auf Seite 72 nötig. Der rote Ton bringt die Details auch so schön zur Geltung.

Hübsch aufgeräumt

Ideal zum Verschenken und Aufbewahren. Wenn du die Bauklötzestadt von Seite 74 verschenken möchtest, bemale gleich noch das Innere einer Holzkiste; ich habe es z. B. einem Himmel mit herunterrieselnden Schneeflöckchen nachempfunden. Dann kannst du die Klötzchen-Stadt einerseits vor diesem Hintergrund aufbauen, andererseits lassen sich die Klötze gut darin verstauen oder verschenken.

Funkelnde Grüße

An Weihnachten darf es ruhig ein bisschen mehr glitzern. Die Herstellung dieser Weihnachtskarten macht mir besonders viel Spaß. Hier hole ich alle Glitzer- und Glimmerpülverchen hervor. Zuerst schneide ich aus einer doppelseitig klebenden Folie ein weihnachtliches Motiv aus, klebe es auf eine Karte und dann wird losgeglitzert! Das Pulver bleibt einfach an der Klebefolie haften.

Adventsfloristik

Auch in der Adventszeit sind Blumen ein nettes Mitbringsel. Einfach eine alte Konservendose bemalen, mit Schleifpapier die Farbe an ein paar Stellen wieder abkratzen – für einen charmanten Nostalgie-Touch – und einen farblich passenden Tonanhänger (Seite 76) anhängen. Zum Schluss noch einen Weihnachtsstern oder Sukkulenten in die Dose stellen und schon ist das kleine Geschenk fertig.

Prägewindlichter

Ein großartiges Geschenk für Oma und Opa! Mit der gleichen Technik, die ich für die geprägten Goldsterne auf Seite 117 anwende, lassen sich auch tolle Windlichter gestalten. Diese Modelle habe ich zusammen mit der Klasse von meinem jüngeren Sohn gemacht. Talent ist definitiv vorhanden!

Goldene Anhänger

Wem das Brennen der Tonanhänger auf Seite 76 zu aufwendig ist, der kann ähnliche Anhänger auch aus lufthärtender Modelliermasse machen, welche im Backofen gehärtet wird. Statt Unidekorfarbe und Glasur wischst du nach dem Trocknen bzw. Härten mit einem Borstenpinsel etwas goldene Acrylfarbe über die Anhänger.

Weitere Ideen

Mini-Bäumchen

Nicht nur eine tolle Deko, auch als kleines Geschenk machen diese Mini-Bäumchen eine gute Figur. Du brauchst einen etwa 2,5 cm dicken Ast, den du in ca. 4 cm lange Stücke sägst. Bohre in die Mitte der Stücke ein Loch und stecke hier einen Nadel- oder Buchsbaumzweig ein. Und schon hast du blitzschnell einen ganzen Wald gezaubert.

Festlich geschmückt

Wer es etwas bunter mag, der kann den Mini-Wald noch aufhübschen. Es ist schließlich Weihnachten! Bestreiche die eingesteckten Zweige mit Holzleim und streue Goldglitzer, Zuckerperlen oder kleine Wattekugeln über den Mini-Baum.

Schneemänner

Als süße Geschenkanhänger oder als Deko-Winzlinge – über dieses Mitbringsel freuen sich Groß und Klein. Kopiere die Vorlagen der Schneemänner auf Seite 133 in Farbe auf etwas dickeres Papier. Schneide die Kopien aus und klebe einen Korken auf die Rückseite. Und schon steht der Schneemann!

Tintenkillerstern-karte

Ich kann mich gut an Tintenkiller aus meiner Schulzeit erinnern: eine Seite zum Löschen, eine zum Nachschreiben. Und dann sah das Heft immer etwas liederlich aus, weil das Nachgeschriebene nie denselben Blauton hatte wie der Füller. Damals hätte ich nicht geglaubt, dass mithilfe dieses Stiftes etwas so Hübsches entstehen kann.

Sternenzauber

Motivstanzer sind toll! In Windeseile produzierst du Stern um Stern und Schneeflocke um Schneeflocke – da kann ich mit der Schere in puncto Schnelligkeit gar nicht mithalten. Es gibt sie mittlerweile nicht nur im Bastelladen, sondern besonders zur Weihnachtszeit auch im Supermarkt oder in Geschenkeläden. Gerade die großen Stanzen machen was her, finde ich!

Knopf-Karte

Ich finde immer wieder verlorene Knöpfe. Teilweise weiß ich gar nicht, an welches Kleidungsstück diese Knöpfe eigentlich gehören, und so kommen sie in meine Knopfsammlung. An Weihnachten werden sie dann zu bunten Christbaumkugeln auf meinen Weihnachtskarten.

Die Dekorationsfreude macht bei mir nicht an der Haustür halt. Draußen geht es weihnachtlich weiter. Letztes Jahr leuchteten im Garten acht bunt geschmückte Tannenbäume – und die umliegenden Bäume leuchteten mit. Denn unsere Nachbarn lassen sich seit einigen Jahren von meiner Dekolust anstecken und versuchen vergeblich, uns mit ihren Lichtkreationen zu übertrumpfen. Liebevolle Neckereien fliegen von Zaun zu Zaun. Der Nachbar links von uns hat einen kleinen Vorteil: Er ist Elektriker und Lichterketten installiert er im Schlaf. Aber es tut mir herzlich leid, liebe Nachbarn, für das kommende Weihnachtsfest habe ich schon wieder neue Ideen ...

Hier hat sich mein kleiner Sohnemann zwischen die Schneeriesen gemogelt. Mal schauen, wie lange uns unsere Schneegesichter diesen Winter begleiten werden!

Schnee-Figuren

Meine Söhne und ich haben letztens eine Schnee-Figur nach der anderen gebaut ... und noch eine, und noch eine, wir konnten uns gar nicht bremsen ... bis unsere Einfahrt ziemlich bevölkert war. Weil die Gesellen so lustig aussahen, durften sie bleiben, bis die Sonne sie wegschmolz. Bis dahin haben alle brav auf der Straße geparkt.

1 Fülle Schnee in Eimer und andere Gefäße, drücke ihn gut hinein. Es sollte wirklich richtig pappiger Schnee sein, dann halten die Figuren besser zusammen.

2 Stürze zuerst das größte Gefäß für den Körper. Durch seine aufrechte Form eignet sich ein Eimer gut für den Rumpf.

3 Nun kannst du den Schnee aus den anderen Formen an den Körper „kleben". Wenn die kleineren Gefäße wieder satt mit Schnee gefüllt und dieser etwas verdichtet wurde, hält der Schnee seine Form und lässt sich aus dem Gefäß heraus direkt an den Schneekörper drücken.

4 Details, wie Münder oder Augenhöhlen, mit einem Löffel herauskratzen.

5 Mit Tannenzweigen, Kiefernzapfen, Steinchen, Weihnachtskugeln und und und bekommen die Figuren ein Gesicht, etwas Schmuck – und regelrecht Persönlichkeit.

Das brauchst du

- Pappschnee
- Plastikeimer, Schüsseln, Gugelhupfformen, Zickzack-Plastikübertöpfe in unterschiedlichen Größen
- Sandkastenschaufel, Esslöffel o. ä.
- Tannenzapfen und -zweige, Kastanien o. Ä. zum Verzieren

Weihnachtsfahrrad

Sogar im Winter möchte ich auf mein Fahrrad nicht verzichten.
Ich bin auch hier meinem Motto treu: Bunt geht immer! Damit konnte ich auch meine Kinder und Neffen begeistern und nun regnet es Komplimente, wenn wir alle zusammen leuchtend und farbenprächtig durch unsere Stadt radeln.

Das brauchst du

- batteriebetriebene Lichterketten
- Plastik-Tannengrüngirlanden
- Schaumstoff-Pilze, gedrahtete Kunstbeeren und anderer Schmuck
- kleine Kabelbinder
- Gewebeklebeband
- Schaschlikspieß oder Schraubenzieher

1 Umschlinge deinen Drahtesel zuerst mit den Girlanden. Pass auf, dass beim Fahren nichts in die Speichen geraten kann. Damit die Girlanden besser halten, ab und zu mit einem Kabelbinder fixieren.

2 Dann die Lichterketten darüberschlingen. Das Batteriefach ins Fahrradkörbchen legen und dort festbinden oder mit Klebeband befestigen, damit es nicht klappert. Du kannst es auch mit dem Gewebeklebeband an einer nicht störenden Stelle am Rahmen gut und sicher festkleben.

3 Nun das Fahrrad weiter ausschmücken. Die Füße der Schaumstoff-Pilze mit einem spitzen Gegenstand durchbohren, einen Kabelbinder hindurchführen und die Pilze damit am Rad fixieren. Du kannst sie auch mit reichlich Heißkleber festkleben, mit Kabelbindern halten sie aber besser. Künstliche Beeren an Drahtstielen ebenfalls an den Girlanden und am Fahrradkörbchen befestigen. Ergänze weitere weihnachtliche Deko – wichtig ist, dass alles fest sitzt und die sicherheitsrelevanten Teile des Fahrrads nicht beeinträchtigt werden.

Mein Tipp

Genauso lässt sich natürlich auch ein Weihnachtsroller gestalten. So sind zu Weihnachten Eltern und Kinder gleichermaßen bunt unterwegs.

Schneekuchen

Als ich diesen Schneekuchen-Turm das erste Mal ausprobiert habe,
hat mich der Schnee gleich zweimal überrascht. Zum einen mit seiner Leuchtkraft:
Selbst durch mehrere Schneeformen hindurch schimmert das Kerzenlicht.
Und zum anderen ist es erstaunlich, wie er der warmen Teelichtflamme standhält.

1 Den Schnee in Gugelhupfform oder Plastiktopf füllen und festdrücken, danach vorsichtig stürzen. Entweder ganze Schneegugelhupf-Landschaften entstehen lassen oder mehrere Schneekuchen übereinandersetzen. Ehrlicherweise muss ich sagen, dass der Gugelhupfturm meist schon nach einer Nacht umkippt – aber für einen Abend, vielleicht sogar an Heiligabend, ist das ein ganz besonderer Hingucker.

2 Wenn du den Turm beleuchten willst, stelle ein Teelicht in die Mitte der Form, quasi in das Loch des Gugelhupfes. Mit einem Stabfeuerzeug lässt es sich prima anzünden.

3 Und nun kommt der Clou: Stelle mehrere Schneekuchen übereinander, das Licht leuchtet dann durch die Schichten hindurch. Wenn du das Gefühl hast, dass die Strahlkraft nachlässt, schichte einmal eine Schneeform ohne Loch dazwischen, die du mithilfe einer Schüssel oder eines Blumentopfes machst. Diese bildet dann den Boden für das nächste Teelicht.

Das brauchst du

- Pappschnee
- verschiedene Gugelhupfformen (aus der Küche oder aus dem Sandkasten), Schüsseln oder Plastikübertöpfe, z. B. in Zickzack-Form
- Teelichter oder Wunderkerzen
- Stabfeuerzeug

Nussknacker

 Hier noch ein Beispiel für eine Gartendeko, die dem trüben Wintergrau etwas Farbe verleiht. Nussknacker werden zur Weihnachtszeit ja vielerorts im kuschlig warmen Zimmer aufgestellt. Ich bastle sie mir lieber in XXL und lasse sie im Garten die Zähne zusammenbeißen.

Das brauchst du

- gerade, breite Zaunlatten, die oben abgerundet sind
- wetterfeste Acrylfarbe in verschiedenen Farbtönen
- wetterfester Montage- oder Alleskleber
- Tannenzapfen, große Federn, Borten etc. als Dekoration
- Nägel
- Pinsel in unterschiedlichen Stärken
- Bleistift
- Radiergummi
- Kneifzange
- Hammer
- Handsäge

1 Säge die Latten auf verschiedene Längen zu, dann werden die Figuren unterschiedlich hoch und sehen in der Gruppe witziger aus. Achtung: Am geraden Ende der Latte schneiden, das abgerundete Ende bleibt intakt und wird später der Kopf des Nussknackers.

2 Zeichne dir die Gesichter der Figuren mit Bleistift vor. Waagerechte Hilfslinien machen es leichter, die typisch symmetrischen, etwas steifen Gesichtszüge hinzubekommen.

3 Mit Acrylfarbe bemalst du erst die großen Flächen, wie Mantel und Mütze. Dann folgen die Details, wie Knöpfe, Augen oder Schnurrbart. Zum Schluss noch einige Konturen, v. a. am Kopf, mit einem dünnen Pinsel und schwarzer Farbe aufmalen.

4 Wer als Schmuck noch ein paar Tannenzapfen befestigen möchte, schlägt links und rechts am Kopf je einen Nagel ein und knipst den Nagelkopf anschließend mit einer Zange ab. Bestreiche die Metallstifte mit etwas Kleber und stecke je einen Zapfen darauf. Klebe auf Wunsch Federn, hübsche Borten oder andere Kleinigkeiten auf.

Mein Tipp
Falls du keine wetterfeste Acrylfarbe hast, verwende normale Acrylfarbe und streiche nach dem Trocknen einen wetterfesten, transparenten Lack darüber.

Tannenbäumchen im Blumenkasten

Ein kleiner Wald, ach, was sage ich ... ein ganzes Dorf ist im Blumenkasten entstanden.
Und alles begann mit einem Gedanken: Ich vermisse meine Balkonblumen!
Mit farbenfrohen Blüten kann ich im Winter wahrlich nicht dienen, aber wenigstens mit
bunten Lichtern, die die winterliche Minilandschaft nun erleuchten.

Das brauchst du

- Tannenzweige
- gerade gewachsene Äste, zwischen 45 cm und 70 cm lang
- Blumenkästen mit Erde
- Moos
- Blumenbinde- oder Wickeldraht
- Windlichter aus Metall, besonders süß in Häuschenform
- kleine batteriebetriebene Lichterketten
- Gartenschere

1 Schneide dir Tannenzweige in verschiedenen Längen zurecht.

2 Nimm einen der Äste und lege die eben zurechtgeschnittenen Zweige an: Fange unten mit längeren Zweigen an, umwickele alles mit Draht und arbeite dich spiralförmig nach oben. Oben werden immer kleinere Zweige angelegt und mit Draht festgewickelt. Wichtig ist, dass sich das Tannengrün immer leicht überlappt. Auf diese Weise entsteht die typische Bäumchenform. So bastelst du einen Baum nach dem anderen.

3 Stecke die Minibäume in den Blumenkasten und wickele Lichterketten darum. Wenn die Weihnachtswelt draußen auf der Terrasse oder dem Balkon stehen soll, müssen es unbedingt wetterfeste Lichter sein. Aber auch innen auf dem Küchenfensterbrett ist das eine schöne Deko. Dann kannst du natürlich normale Lichter für drinnen nehmen.

4 Verziere den Kasten mit Häuschen (besonders schön sind welche aus Metall), Engeln oder anderen Figuren.

Mein Tipp

Probiere diese Idee auch einmal für drinnen in klitzeklein aus: zum Beispiel in einer mit Steckschaum gefüllten Kuchenform. Zugegeben, es ist eine ganz schöne Fummelei, solch kleine Bäumchen zu wickeln, aber das Ergebnis ist zuckersüß, vor allem, wenn du Zuckerperlen auf die Tannenspitzen klebst – aber nicht naschen!

Geprägte Goldsterne

Wusstest du, dass Metall-Prägefolie wetterfest ist und nicht rostet?
Also warum diese Dekoidee nicht mit nach draußen nehmen?
Der Wind dreht und wendet die Sterne, das Licht wird von der metallenen Oberfläche reflektiert
und die Löcher in den Sternen besprenkeln die Hauswand mit Lichtpunkten … hach, schön!

1 Fertige dir eine Stern-Schablone aus Pappe an, verwende dazu gern meine Vorlage im Buch auf Seite 143.

2 Den Filz oder das zusammengefaltete Küchentuch auf der Arbeitsfläche ausbreiten, die Prägefolie darauflegen.

3 Lege die Schablone auf die Folie und umfahre die Sternform mit dem Prägewerkzeug oder dem alten, nicht mehr schreibenden Kugelschreiber. Den Stern mit der Bastelschere ausschneiden.

4 Den Stern wieder auf die Unterlage legen und nun mit dem Prägewerkzeug ein Muster ganz nach Lust und Laune hineinprägen. Auf der Oberseite entstehen Vertiefungen, auf der Rückseite erscheint das Muster erhaben. Durch Drehen des Sterns erhältst du ein abwechslungsreiches Dekor.

5 Mit der Prickelnadel kannst du, wenn du möchtest, noch Löcher hineinstechen. Das sieht besonders schön aus, wenn die Sterne irgendwo hängen und Licht- und Schattenspiele veranstalten.

Das brauchst du

- Metall-Prägefolie in Gold
- Prägewerkzeug oder alter Kugelschreiber
- Prickelnadel oder Nagel
- Pappe für die Schablonen
- weiche Unterlage, z. B. dicker Filz oder ein zusammengefaltetes Küchentuch
- dünner Draht
- ältere Bastelschere (häufiges Schneiden der Prägefolie macht die Schere stumpf, daher nicht die beste Schere im Haushalt verwenden)

Vorlage

Seite 143

Lichter im Schnee

 Dies ist eine einfache Dekoidee für den Garten im Winter. Das einzig Schwierige daran ist, möglichst unauffällig zum Ort des Geschehens zu gelangen. Am besten, du platzierst die Lichter neben der Terrasse – so kannst du sie vom Fenster aus sehen und abgebrannte Kerzen ersetzen, ohne die Schneedecke drumherum zu zertrampeln.

Das brauchst du

- Schneeballquetsche oder Snowballmaker
- Gugelhupfform oder Zickzack-Plastikübertopf
- Teelichter oder weiße Grablichter

1 Solch eine Schneeballpyramide macht ordentlich was her! Mit einer Schneeballquetsche oder einem Snowballmaker (gibt es im Internet) gelingen besonders runde, feste Schneebälle. Diese dann pyramidenförmig auf eine große Tortenplatte schichten, ein Windlicht in die Mitte stellen – und wow!

2 Doch auch kleinere Lichtideen lassen den winterlichen Garten in warmem Kerzenlicht erstrahlen. Drücke die Guglhupfformen oder Übertöpfchen in den Schnee und nimm sie wieder heraus – nur die Vertiefung bleibt im Schnee. 15–20 cm Schnee sollten es schon sein, damit die Lichter gut wirken. Ein Tee- oder Grablicht hineinstellen – fertig!

3 Keine passenden Förmchen zur Hand? Kein Problem! Du brauchst nicht unbedingt Hilfsmittel für diese Idee. Wenn du dich mit Stiefeln in den Schnee stellst, dich langsam um die eigene Achse drehst und dabei Fußspuren hinterlässt, entsteht eine schöne sternförmige Rosette, die du ebenfalls mit einem Licht erhellen kannst.

Mein Tipp

Ich freue mich auf jeden Neuschnee, denn dann kann ich wieder neue Schneewindlichter bauen. Säume doch mal deinen Eingangsweg mit den Schneelichtern oder bilde Muster in deinem Garten. Der Fantasie sind keine Grenzen gesetzt.

✳ Zuckerstangen ✳

Sie gehören einfach zu Weihnachten dazu – Süßigkeiten! Die rot-weißen Zuckerstangen sowieso. Doch warum eigentlich nur in Rot und Weiß? Und nur so klein? In meinem Garten finden sich kunterbunte Zuckerstangen im XXL-Format. Leider sind sie nicht zum Vernaschen geeignet. Da halte ich mich dann doch lieber ans Original.

Das brauchst du

- Spazierstöcke aus Holz
- Kreppklebeband 3 cm breit
- wetterfester Acryllackspray in Weiß und verschiedenen Farbtönen
- Schleifpapier (120er Körnung)

1 Die Spazierstöcke haben ja schon die richtige Form, nur die Farbe fehlt noch. Raue das Holz vor dem Farbauftrag mit Schleifpapier an. Sprühe die Holzstöcke weiß an und lasse die Farbe gut trocknen.

2 Wickele das Kreppklebeband um den Stock. Lass dabei immer eine Bandbreite frei.

3 Besprühe den vorbereiteten Stock in einer Farbe deiner Wahl. Besonders schön finde ich leuchtende Farben, da sich diese gut vom weißen Schnee abheben.

4 Wenn die Farbe getrocknet ist, ziehe das Klebeband wieder ab. Und schon ist deine Zuckerstange im Großformat fertig.

5 Stecke die Stangen in den Boden. Warte nicht, bis der erste Schnee gefallen ist und der Boden bereits gefroren ist.

Eiswindlichter

Wenn es so richtig kalt draußen ist, mache ich gerne Wasserbomben. Bei den eisigen Temperaturen? – Ja, dann erst recht! Ich lasse sie jedoch nicht vom Balkon platschen, sondern kreiere zauberhafte farbige Windlichter daraus.

Das brauchst du

- Luftballons
- bunte Tinte oder Tusche
- evtl. Pipette
- Teelichter

1 Fülle die Luftballons mit Wasser und gib ein paar Tröpfchen Farbe hinzu. Das geht mit einer Pipette ganz gut. Knote die Ballons zu. Dann einfach draußen hinlegen und gefrieren lassen. Die Schalenform für die Windlichter entsteht beim Gefrieren durch den kalten Schnee von ganz allein.

2 Ist alles fest gefroren, brauchst du den Luftballon nur noch kaputt zu machen und die Reste zu entfernen. Übrig bleibt eine bunte Eiskugel. Zum Schluss stelle noch ein Teelicht in die Eisform.

Mein Tipp

Wer viele unterschiedlich gefärbte Eiswindlichter machen möchte, kann sich farbige Tintenpatronen besorgen. Die gibt es kunterbunt gemischt im Schreibwarenladen.

Du kannst die Eiswindlichter natürlich auch in Natur lassen, aber ich finde mit ein paar Tropfen Farbe bekommen sie eine ganz besondere Ausstrahlung.

Die leuchtenden Farben bilden einen tollen Kontrast zum weißen Schnee.

Papierrosetten im Schnee

Es sieht aus wie Papier, ist aber etwas ganz Spezielles: Tyvec®, ein Material mit dem ich immer wieder gerne arbeite. Wetterfestes Papier – damit lässt es sich wohl am besten beschreiben. Normalerweise lässt es sich prima falten und schneiden, für diese dicken Rosetten brauchte ich allerdings den Cutter – und ganz schön Kraft beim Knicken.

1 Die Papierstreifen von der kurzen Seite her ziehharmonikamäßig hin- und herfalten. Um gleichmäßige Falten zu bekommen, kannst du dir Hilfslinien ins Papier ritzen. Das geht prima mit einem Geodreieck und einem Falzbein oder stumpfen Messer.

2 Das zusammengefaltete Stück gut festhalten und an einem Ende spitz zuschneiden, das werden später die äußeren Spitzen der Rosette. Am besten ist, du arbeitest dich schichtweise mit dem Cutter voran. (Für einen sauberen Schnitt durch alle Lagen Papier gleichzeitig ist das Material zu dick.) Das andere Ende bleibt gerade, dies wird später die Mitte der Rosette.

3 Nun kannst du mit dem Cutter Kerben, Dreiecke usw. regelmäßig aus den Zacken herausschneiden. Achtung, Zacken nicht zu weit einschneiden!

4 Das gerade Ende mit der Lochzange durchlöchern. Nimm auch hier immer nur wenige Schichten auf einmal. Ein Band oder Garn hindurchfädeln, zusammenziehen und verknoten – die Rosette blüht auf. Die beiden Seiten der Rosette, die sich nach dem Zusammenziehen der Mitte berühren, zusammenkleben.

5 Zum Schluss die Rosetten nach Belieben mit Lackspray einfärben.

Das brauchst du

- wetterfestes Papier (Tyvec®), in 10–20 cm breite und 50–100 cm lange Streifen geschnitten
- Falzwerkzeug oder stumpfes Küchenmesser
- Geodreieck
- wetterfester Alleskleber oder doppelseitiges Klebeband
- Cutter
- Schneideunterlage
- Lochzange
- Stopfnadel
- weißes Stickgarn
- Band oder Garn zum Aufhängen
- Lackspray in verschiedenen Farben
- Unterlage zum Besprühen

Weitere Ideen

Schneekatze

Nicht nur Schneemänner verirren sich scharrenweise in unseren Garten, auch Schneekatzen haben wir schon gesichtet. Man beachte die scharfen Krallen! Als Vorbild diente hier natürlich meine schneeweiße Katze Prinzessin.

Schneestern-Girlande

Ich liebe mein Laminiergerät! Denn so werden aus ganz vielen meiner Papierdekorationen für drinnen tolle Ideen für den Außenbereich. Wie diese Girlande. Dafür habe ich einfach Papiersterne ausgeschnitten und laminiert und die Sterne wieder an den Konturen ausgeschnitten (ca. 5 mm Rand lassen). Die Sterne habe ich mit meinem Bürotacker an einem Band befestigt und damit meinen Bambushain weihnachtlich geschmückt.

Weihnachts-Roller

Was ich auf Seite 108 mit meinem Fahrrad angestellt habe, habe ich so ähnlich auch mit den Tretrollern von meinen Jungs gemacht. Einen Roller habe ich komplett mit weißer Farbe bemalt bzw. besprüht und dann, für den perfekten Zuckerstangen-Look, mit rotem Isolierband umwickelt. Die batteriebetriebenen Lichterketten lassen sie im Dunkeln richtig zur Geltung kommen.

Weiße Windlichter

Spitze und Borte eignen sich hervorragend als Schablonen. Wickele etwas Häkelspitze, feine Spitze oder Borte um Einmachgläser und besprühe diese mit wetterfestem Acryllack. Nach dem Trocknen entferne deine Schablone und schon hast du einen tollen Abdruck. Im Schnee wirken die weißen Windlichter besonders edel.

Eiskuchen

Herrlich bunt kommen diese Eiskuchen daher. Dafür habe ich meine Gugelhupfformen nicht mit Schnee gefüllt, wie auf Seite 110, sondern mit Wasser, das ich mit bunter Tinte eingefärbt habe. Nach einer frostigen Nacht im Freien kann man die bunten Kuchen am nächsten Morgen stürzen und den Vorgarten damit verschönern.

Schneeblüten

Eine weitere Lichtidee sind diese Schneeblumen. Auf einen Ast werden Korken gespießt und auf den Korken werden die Papierblüten geklebt. Die Blüten werden aus weißen Pappbechern geschnitten. Zum Schluss einfach ein Teelicht in den zugeschnittenen Becher stellen und schon erblüht dein eingeschneiter Garten.

Rote Windlichter

Diese Windlichter sind auch toll mit kleineren Kindern zu machen. Dafür brauchst du eine Packung Grablichter aus Plastik, Alleskleber und viele Pailletten und Glitzerstreuteile in Schneeflockenform. Besonders schön sehen die Lichter aus, wenn man sie auf der Balkonbrüstung aufreiht.

Über die Jahre habe ich viele Materialien kennengelernt und ausprobiert. Einige habe ich sofort wieder verworfen, andere kann ich mir heute gar nicht mehr aus meiner Kreativ-Werkstatt wegdenken. Selbst gesammelte Dinge aus der Natur, wie Zapfen, Moos oder mit Flechten bewachsene Zweige, sind für Selbersammler zum Nulltarif erhältlich und passen irgendwie immer. Künstlich hergestellte oder aufbereitete Bastelutensilien gibt es im Handel in einer unüberschaubaren Vielfalt und großen Preisspanne – entsprechend schwer fällt da die Auswahl. Damit du nicht unnötig lange herumsuchen musst, habe ich dir hier einige Materialien zusammengestellt, mit denen ich tolle Erfahrungen gemacht habe.

Meine Tipps und Tricks

Immer zur Hand

Folgende Materialien und Werkzeuge hatte ich während der Vorbereitung für dieses Buch stets zur Hand. Sie sollten auch in deiner Kreativ-Werkstatt nicht fehlen:

- Papier und Bleistift
- Schere
- Niedrigtemperatur-Heißklebepistole
- buntes Papier
- Glitzerpulver
- Pailletten
- hübsche Bänder
- große Motivstanzer, v. a. Kreise und Sterne
- Ausstechförmchen mit Weihnachtsmotiven
- Holzstempel
- selbst angefertigte Papp-Schablonen in Sternformen
- batteriebetriebene Lichterketten in verschiedenen Größen

Farben & Lacke

Für eine bunte Weihnachtswelt benötigst du natürlich viel Farbe! Acrylfarbe, Allesfarbe oder auch Hobbyfarbe meint im Grunde immer das Gleiche: Es handelt sich dabei um wasserlöslich vermalbare, nach dem Trocknen allerdings wasserfeste Farben. Die Farben sind untereinander mischbar und trocknen sehr schnell. Alle Farben, die ich hier im Buch verwende, sind auf Wasserbasis und daher auch wasserlöslich. Wenn du Sachen für kleine Kinder machst, denke bitte unbedingt daran, speichelechte Farben zu verwenden! Wenn du deine Arbeiten draußen platzieren willst, solltest du einen Schutzanstrich aus wetterfestem Klarlack auftragen.

Tafelfarbe oder Tafellack gibt es in verschiedenen Farben und inzwischen auch in kleineren Mengen. Manchmal benötigt man zwei Anstriche für ein wirklich deckendes Ergebnis, besonders wenn man Glas damit veredelt.

Für kleine Details oder Schriftzüge verwende ich Stifte auf Acrylbasis. Die Farben halten praktisch auf jedem Untergrund und decken toll, auch hell auf dunkel.

Für meine Dekorationen auf Glas, wie z. B. auf Seite 48, verwende ich Kreidestifte. Die gibt es in verschiedenen Farben. Das Beste: Ein Wisch und die Farbe ist wieder rückstandslos verschwunden.

Für größere Angelegenheiten verwende ich Acryllacksprays, die sich leicht verarbeiten lassen und besonders schnell trocknen.

Was aussieht wie Chaos, ist wohl durchdachtes Kreativ-Management ... na ja, obwohl ...

Unser Familien-Bastelzimmer wird spätestens ab November zur Weihnachtswerkstatt.

Meine Tipps und Tricks

Mit Vorlagen arbeiten

In diesem Buch findest du viele Vorlagen. Um mit ihnen arbeiten zu können, musst du sie zuerst auf die angegebene Größe kopieren – in einem Copyshop wird man dir sicher behilflich sein. Meistens kannst du direkt die Kopie ausschneiden und kolorieren. Ggf. kannst du die Vorlagen auch in Hellgrau kopieren, so sieht man die Linien nicht mehr so stark. Du kannst die Vorlage aber auch abpausen. Dazu Transparentpapier auf die Vorlage legen (ggf. mit etwas Klebeband fixieren) und alle Linien mit einem harten Bleistift sorgfältig nachziehen. Dann wendest du das Transparentpapier und ziehst die Linien mit einem weichen Bleistift nach. Nun das Papier erneut wenden (die Linien des weichen Bleistifts liegen jetzt unten) und auf das gewünschte Material legen. Ziehe die Konturen wieder mit dem harten Bleistift nach, so übertragen sich die Linien des weichen Bleistifts auf den Untergrund.

Wenn du ein sehr großes Motiv hast oder wenn du mehrere identische Teile herstellen möchtest, solltest du eine Schablone anfertigen. Dafür kopierst du die Vorlage in Originalgröße, wenn nötig auch in Teilstücken, die du beim folgenden Schritt zusammenstückelst. Die Kopie klebst du auf dünnen Karton und schneidest sie aus. Und schon hast du eine Schablone, die du mehrmals verwenden kannst. Diese legst du auf das gewünschte Material und ziehst die Konturen mit einem geeigneten Stift nach.

Stempel herstellen

Ich liebe Stempel. Auf Flohmärkten und im Internet bin ich immer auf der Suche nach tollen Stempeln, so bin ich auf meine indischen Holzstempel gestoßen. Aber am liebsten stelle ich meine Stempel immer noch selbst her. Wie das funktioniert, erkläre ich dir auf Seite 44. Neben festen „Billig-Radiergummis" für kleine Motive verwende ich für größere Arbeiten einen Vinyl-Printblock und Linolschnittwerkzeug. Und wenn es wirklich aufwendig wird, dann vertraue ich auf die Profis. Im Internet findest du zahlreiche Firmen, die aus deinen Entwürfen professionelle Stempel herstellen.

Recherche im Internet

Es gibt einfach nichts, was es nicht gibt. Im Internet findest du einfach alles, was dein Bastelherz begehrt. Einen Snowball-Maker oder die Fünffach-Schere zum Beispiel! Die hat allerdings beide meine Mama gefunden und mich damit überrascht. Sie ist wirklich die ungekrönte Königin der Internetsuche. Ich selbst habe meistens schon eine ziemlich genaue Vorstellung davon, was ich suche. Und deshalb nutze ich besonders gerne die Bildersuche meiner Suchmaschine. Einfach den Suchbegriff eingeben und ich sehe blitzschnell auf den Fotos, ob ich das finde, was ich meine ... Ansonsten umschreibe ich es mit ähnlichen Begriffen noch einmal. Klickt man dann auf die einzelnen Bilder, landet man auch schnell bei passenden Bestelladressen.

Töpfern

Eine meiner vielen Leidenschaften ist das Töpfern. Vorsicht, hohes Suchtpotenzial! Zugegeben, es ist ein Luxus, aber wenn du auch so viel Gefallen am Töpfern findest wie ich, lohnt sich vielleicht die Anschaffung eines eigenen Brennofens. Keramische Brennöfen für Profis, aber auch für den Hausgebrauch, macht die Firma Rohde. Erkundige dich unter www.rohde-online.net. Und keine Sorge, der nette Firmen-Lieferservice bringt dir den schweren Brummer bis in die letzte Kellernische.

Wer nicht das große Glück hat, einen Brennofen sein Eigen nennen zu dürfen, kann trotzdem Töpfern. Frage bei einer Töpferei in deiner Nähe: Gegen eine kleine Gebühr kann man dort die eigenen Stücke brennen lassen. Auf der Suche nach einem Brennofen sind auch Volkshochschulen, die Keramik-Kurse anbieten, eine gute Anlaufstelle.

Arbeiten mit Holz

Wenn ich etwas aus Holz baue, versuche ich immer, möglichst viele Standardmaße zu verwenden, vor allem was die Breite von Brettern angeht. Das Ablängen gelingt dann einfach, denn in den meisten Baumärkten kannst du Holz auf ein gewünschtes Maß passend zuschneiden lassen. Nutze diesen Service, er spart dir viel Zeit und Mühe – und du kannst zu Hause direkt loslegen.

Damit Anstriche auf Holz gut decken, sollte es zweimal gestrichen werden. Dazwischen gut durchtrocknen lassen und die erste Farbschicht mit Schleifpapier und Schleifklotz leicht anschleifen. Denn so glättest du die Holzfasern, die sich nach dem ersten Farbauftrag aufgestellt haben – zurück bleibt eine seidig glatte Oberfläche. Acrylfarbe und Lasur kannst du übrigens vor dem Streichen mit Wasser verdünnen.

Für den beliebten Shabby-Look greifst du ebenfalls zu Schleifpapier und schmirgelst nur die Kanten bzw. die Stellen ab, die sich durch jahrelangen Gebrauch abnutzen würden.

Ich arbeite gern mit MDF-Platten aus dem Baumarkt. MDF steht für Mitteldichte Faserplatte, sie lässt sich besonders gut und ohne Ausreißen sägen. Die Kanten brauchst du nur leicht glatt schleifen. Da diese Platten sowieso gestrichen werden, macht es nichts, dass sie keine Holzstruktur haben.

Vorlagen

Weihnachtskarten mit Schal
Seite 78/79

Wickelwichtellichter zum Advent
Seite 14/15

Schneemänner
Seite 103

Wichtel für den Weihnachtsbaum
Seite 12/13

Vorlagen

Papierbäumchen-Wald
Seite 64/65

Vorlagen auf 170% vergrößern

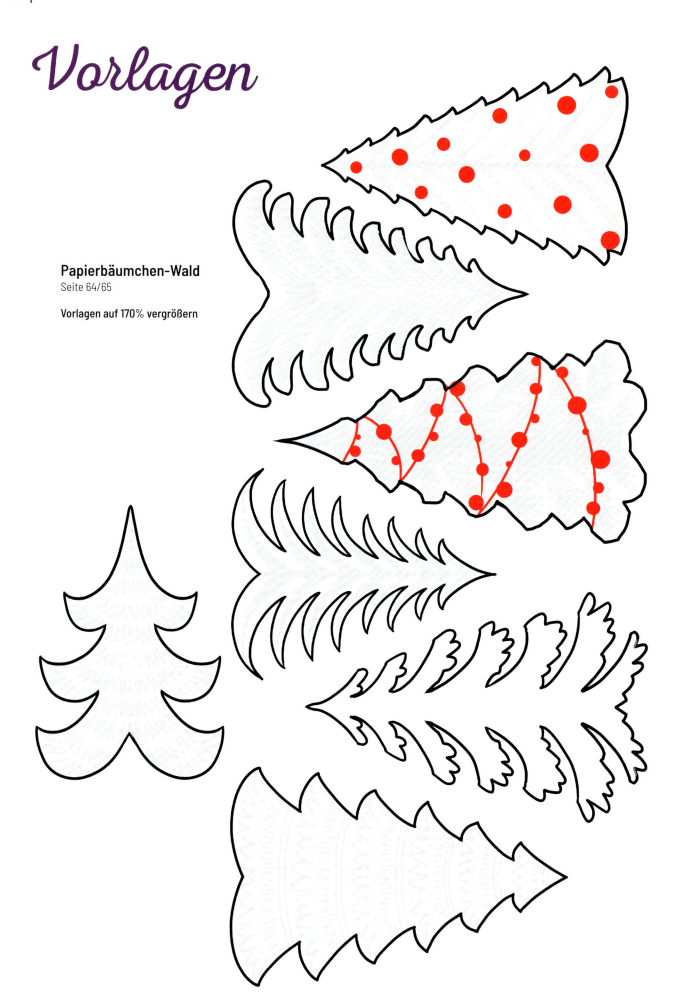

Fotokalender
Seite 22/23

Vorlage auf 240% vergrößern

Vorlagen

Meine Weihnachtskrippe
Seite 28/29

Vorlagen auf 160% vergrößern

Ein Lichtlein für ...

Windlichter für tausendundeinen Wunsch
Seite 40/41

Stempel selber machen
Seite 44

Vorlagen

Hereinspaziert!
Seite 48/49

Vorlage auf 400% vergrößern

Vorlagen

In der Weihnachtsbäckerei
Seite 92–99

Vorlagen auf 145% vergrößern

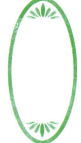

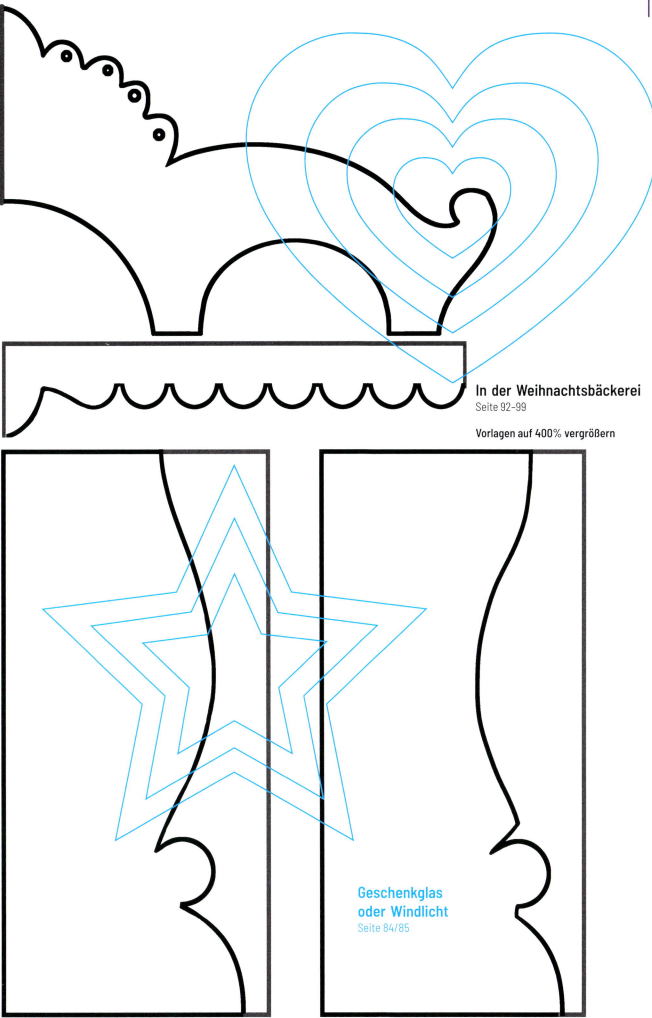

In der Weihnachtsbäckerei
Seite 92–99

Vorlagen auf 400% vergrößern

Geschenkglas oder Windlicht
Seite 84/85

Impressum

Danksagung

Ein herzliches Dankeschön an euch, liebe Bastelfreunde, für eure Begeisterung, die ihr meinen bisherigen Büchern entgegengebracht habt. Und auch für den unglaublich netten Austausch. Ihr habt mich motiviert, dieses Weihnachtsbuch zu machen.

Danke an meinen Bruder Benjamin. Es ist großartig, dass du jederzeit angeflitzt kommst, wenn ich brülle: „Ich habe keine Hand frei, kannst du mal ein Foto machen?" Danke für deine tollen Bilder und dass ich dich zum Kollegen haben darf! Danke an die beste Familie der Welt! Ohne euch gäbe es für mich kein Weihnachten und erst recht kein Weihnachtsbuch. Danke Papa, du bringst unseren Garten so zum Leuchten, dass man ihn vom Weltall aus sieht. Du schaust wie der Weihnachtsmann höchstpersönlich aus. Du bist der größte Kindskopf, aber auch das Schutzschild unserer Familie. Danke Mama, für deine immerwährende grandiose und ideenreiche Geschenkerecherche im Internet. Ohne dich wären wir aufgeschmissen ... aber vor allem für deine liebe und ruhige Art, deinen Witz und deine Weisheit. Du hältst alles zusammen und wir alle blicken zu dir auf. Danke an meinen Mann Ekrem: Eki, vor vielen Jahren habe ich viel Farbe, Chaos und sogar den Weihnachtstrubel in dein Leben gebracht ... Es ist wirklich süß, wie überrascht du jedes Jahr wieder tust, wenn ich die vielen Weihnachtsdekokisten vom Dachboden hole. Danke, dass du mich immer einfach machen lässt! Und du weißt ja, jedes Jahr nach Weihnachten darfst DU den Baum vom Balkon werfen. Danke an meine Kinder Benni und Tim, ihr seid die Besten und Wichtigsten für uns alle!

DANKE!

Eure *Bine Brändle*

Gesamtherstellung:

DESDA Buchverlag, Bahnhof 3, 89155 Erbach

Lektorat: Bastian Brändle

Ideen und Modelle: Bine Brändle

Fotos und Illustrationen: Bine Brändle, Benjamin Brändle

Texte: Antje Krause, Bastian Brändle

Druck und Bindung in der Tschechischen Republik

1. Überarbeitete Neuauflage 2019

© 2019 DESDA Buchverlag, Bahnhof 3, 89155 Erbach

ISBN 978-3-95535-211-0

Materialangaben und Arbeitshinweise in diesem Buch wurden sorgfältig geprüft. Eine Garantie wird jedoch nicht übernommen. Autorin und Verlag können für eventuell auftretende Fehler und Schäden nicht haftbar gemacht werden. Das Werk und die darin gezeigten Modelle sind urheberrechtlich geschützt. Die Vervielfältigung und Verbreitung ist, außer für private, nicht kommerzielle Zwecke, untersagt und wird zivil- und strafrechtlich verfolgt. Dies gilt insbesondere für die Verbreitung des Werkes durch Fotokopien, Film, Funk und Fernsehen, elektronische Medien und Internet sowie für die gewerbliche Nutzung der gezeigten Modelle. Bei Verwendung im Unterricht und in Kursen ist auf dieses Buch hinzuweisen.

Wenn du Fragen oder Anregungen hast, schreib uns einfach eine E-Mail an:

hallo@desdaverlag.de